Paroles d'Amma

Paroles d'Amma

Enseignements de
Sri Mata Amritanandamayi

M.A. Center, P.O. Box 613,
San Ramon, CA 94583, États-Unis

Paroles d'Amma

Publié par:
M.A. Center
P.O. Box 613
San Ramon, CA 94583
États-Unis

——————— *For My Children (French)* ———————

En France :
www.ammafrance.org

En Inde :
www.amritapuri.org
inform@amritapuri.org

Table des Matières

Introduction

C'est la culture de l'Inde qui constitue son essence, une culture qui enseigne que la réalisation du Soi, l'élévation de la conscience ordinaire jusqu'aux sommets de la Conscience divine, constitue le but ultime de la vie humaine. Alors que l'Inde se tourne vers l'Occident en quête de confort et de plaisirs matériels, l'Occident, désabusé par le vain éclat du matérialisme, cherche dans les philosophies éternelles de l'Orient une voie et un refuge. Depuis les temps les plus reculés, des *mahatmas* (grandes âmes) se sont incarnés en Inde pour guider les chercheurs de Vérité vers leur but.

« Pourquoi aurais-je besoin d'un guide spirituel ? » songerez-vous. « Ne puis-je pas avancer tout seul sur la voie spirituelle après avoir lu quelques livres ? » Pour devenir médecin, il faut étudier avec des professeurs éminents. Une fois sorti de l'université, il faut encore travailler comme interne sous la tutelle de praticiens chevronnés. Celui qui rêve de devenir médecin doit y consacrer de nombreuses années. Alors que dire de celui qui cherche à réaliser la Vérité ? Si vous désirez la sagesse spirituelle, partez en quête d'un maître ayant étudié et pratiqué la Vérité, qui en est devenu l'incarnation vivante.

Comment distinguer le vrai maître de l'imposteur ? En présence d'un sage éclairé, qui s'est fondu dans le Divin, on perçoit une aura tangible d'amour et de paix ; impossible de s'y méprendre. On observe comment le sage traite tous les êtres de manière égale, avec un amour infini et parfaitement inconditionnel, sans se préoccuper ni des vices ni des vertus, ni de la situation sociale, de la fortune ou de la religion. Chaque parole et chaque action d'un maître authentique a pour but de nous élever spirituellement. On ne trouve en lui aucune trace d'ego ni d'égoïsme. Le *mahatma* reçoit tous les êtres à bras ouverts et se met à leur service.

Mata Amritanandamyi est l'exemple idéal d'un tel maître. Elle est révérée dans le monde entier comme une incarnation de la Mère universelle. Ce livre contient une sélection de Ses enseignements spirituels et de Ses réponses aux questions fréquemment posées. Les paroles d'Amma reflètent à la fois la simplicité de ses origines villageoises et la profondeur et la clarté provenant de l'expérience directe du Divin. Son enseignement est universel et applicable dans la vie quotidienne, tant pour les chercheurs consacrant leur vie à la quête spirituelle, que pour les chefs de famille ou même les athées.

L'enseignement d'Amma exige que nous y réfléchissions. Il ne s'agit pas de propos fleuris, nourriture facile pour le mental et l'intellect. Il nous faut au contraire employer notre intellect et notre intuition pour méditer Ses paroles et en découvrir la pleine signification. Il arrive parfois qu'une parole semble incomplète ou obscure. Quand on interroge Amma pour obtenir des éclaircissements, Elle répond : « Réfléchissez-y ». Bref, plutôt que de gloser indéfiniment, mieux vaut méditer sur les principes exposés ici.

Si quelqu'un désire sérieusement réaliser le Soi et se consacre avec sincérité et humilité à l'étude et à la pratique de ces enseignements, il ne fait aucun doute qu'il atteindra le but.

Ouvrez ce petit recueil au hasard et voyez si les paroles d'Amma ne vous touchent pas au cœur.

Aperçu de la vie d'Amma

« Dès la naissance, j'éprouvai un amour pas-
sionné pour le Nom divin, au point de le répéter
constamment, à chaque respiration. Ainsi, où
que je fusse, quoi que je fisse, un flot constant de
pensées divines occupait mon esprit. Ce souvenir
ininterrompu de Dieu, accompagné d'amour et
de dévotion, constitue une aide immense pour
tout être qui cherche à réaliser Dieu. »

Née le 27 septembre 1953 dans un village
de pêcheurs du sud-ouest de l'Inde, Soudhamani *(nom donné par ses parents qui signifie « pur*
joyau »), manifesta dès la naissance des signes
de sa nature divine. Elle avait une peau bleu
sombre (comme le teint de Shri Krishna) et
les médecins interdirent à ses parents de la
laver pendant plusieurs mois dans l'espoir
qu'elle serait ainsi guérie de cette mystérieuse
« maladie ». Soudhamani avait à peine six mois
quand elle commença à parler le malayalam

(sa langue maternelle) et à faire ses premiers pas, sans avoir jamais marché à quatre pattes.

Vers l'âge de cinq ans, elle composa de nombreux chants en l'honneur de Sri Krishna, empreints d'amour divin et d'une soif ardente de Dieu. Ses versets, enfantins dans leur innocente simplicité, possédaient cependant une profondeur mystique et philosophique extraordinaire. Elle était connue dans tout le village pour sa voix, belle et vibrante d'amour. Elle dut quitter l'école à l'âge de neuf ans car sa mère tomba malade et devint incapable d'assumer la charge des travaux domestiques. Levée avant l'aube et travaillant jusqu'à onze heures du soir, Soudhamani cuisinait pour toute la famille, s'occupait des vaches, des chèvres, des canards, lavait le linge, nettoyait la maison et la cour etc. Le temps que lui laissaient ses longues journées de labeur, elle le passait à méditer, à chanter et à prier de tout cœur le Seigneur Krishna.

Elle eut bientôt de nombreuses visions divines et atteignit l'état de *samadhi* (union avec Dieu). Dès l'âge de dix-sept ans, elle avait atteint l'union permanente avec le Seigneur. Elle ne voyait plus le monde que comme la manifestation de l'Unique omniprésent. La simple mention du Nom de Dieu la plongeait dans un état de contemplation profonde.

Durant cette période, à la suite d'une vision, un désir ardent de réaliser Dieu sous l'aspect de la Mère Divine s'empara d'elle. Pour obtenir Sa vision, elle s'imposa des austérités très rigoureuses, sans s'inquiéter de dormir, de se nourrir ni d'avoir un abri. La Mère Divine lui apparut enfin sous la forme d'une lumière divine qui se fondit en elle. Soudhamani ne ressentit plus alors aucun désir de se mêler aux êtres humains ; elle passait le plus clair de son temps dans la solitude, jouissant de la béatitude du Soi.

Un jour, elle entendit une voix intérieure lui dire : « Mon enfant, je demeure dans le cœur de tous les êtres. Tu n'es pas née uniquement pour jouir de la pure béatitude du Soi, mais pour apporter réconfort et consolation à l'humanité souffrante. Vénère-moi dans le cœur de tous les êtres en les soulageant de la souffrance liée à la vie en ce monde. »

Depuis ce jour, Soudhamani, que l'on appelle tendrement Amma (Mère), consacre chaque instant de sa vie au bien-être de l'humanité. Chaque jour, des milliers de gens venus du monde entier l'approchent pour recevoir Son amour, Ses conseils et Sa béné-diction et profiter de Sa présence. Amma a également établi un vaste réseau d'institutions caritatives, spirituelles et éducatives incluant des hôpitaux pour les pauvres, un orphelinat, 25 000 maisons pour les sans-abris, un foyer pour personnes âgées, une pension pour des dizaines de milliers de femmes parmi les plus pauvres, des repas gratuits pour les indigents et des temples dans toute l'Inde. Ces activités, expression matérielle de la compassion d'Amma, continuent à se développer à un rythme extrêmement rapide.

Amma écoute patiemment tous ceux qui viennent lui confier leurs problèmes, les réconforte comme seule une mère peut le faire et même mieux, et allège leur souffrance.

Amma dit : « Les gens qui viennent me voir sont très différents ; certains viennent par dévotion, d'autres pour trouver une solution à leurs problèmes ou demander une guérison. Amma ne repousse personne. Comment pourrais-je rejeter qui que ce soit ? Sont-ils différents de moi ? Ne sommes-nous pas tous des perles enfilées sur le même fil de vie ? Chacun me perçoit selon son niveau de conscience. À mes yeux, il n'y a pas de différence entre ceux qui m'aiment et ceux qui me haïssent. »

À propos d'Amma

1. Mes enfants, la mère qui vous a donné naissance prend peut-être soin de vous dans tout ce qui concerne cette vie, bien que de nos jours, même cela soit rare. Mais le but d'Amma est de vous guider de telle manière que vous puissiez jouir de la béatitude dans toutes vos vies futures.

2. Quand on appuie sur une plaie pour en extraire le pus, cela fait mal. Mais est-ce un prétexte suffisant pour qu'un médecin consciencieux renonce à le faire ? De la même façon, quand on vous enlève vos vasanas (tendances latentes héritées du passé), vous ressentez une douleur. C'est pour votre bien. Comme un jardinier détruisant les insectes nuisibles aux jeunes plantes, Amma ôte les mauvaises vasanas qui sont en vous.

3.   Il vous est peut-être facile d'aimer Amma mais ce n'est pas suffisant ; essayez de voir Amma en chacun. Mes enfants, ne croyez pas qu'Amma soit limitée à ce corps.

4.   Aimer vraiment Amma signifie aimer de façon égale tous les êtres de ce monde.

5.   L'amour de ceux qui aiment Amma seulement quand elle leur manifeste de l'amour n'est pas réel. Seul celui qui s'accroche aux pieds d'Amma malgré ses réprimandes a vraiment de la dévotion envers Amma.

6.   Celui qui vit à l'ashram et sait tirer l'enseignement de chacune des actions d'Amma atteindra la Libération. Si l'on médite sur les actions et les paroles d'Amma, il est inutile d'étudier les Écritures.

7.   Le mental a besoin de se fixer sur quelque chose. C'est impossible sans la foi. Une fois

la graine semée, il faut qu'elle s'enracine profondément dans le sol pour se développer. La
foi est indispensable à la croissance spirituelle.

8.   Où que vous soyez, répétez votre mantra
en silence ou méditez. Si vous n'y parvenez pas,
lisez des livres traitant de spiritualité. Ne perdez pas votre temps. Si un million de roupies
disparaissent, Amma s'en inquiète moins que
si vous gaspillez un seul instant. Il est possible
de retrouver de l'argent mais le temps perdu
ne se rattrape pas. Mes enfants, ayez toujours
conscience de la valeur du temps.

9.   Mes enfants, Amma ne dit pas que vous
devez croire en elle ou en un Dieu trônant
dans les Cieux. Il suffit que vous ayez foi en
vous-mêmes. Tout est en vous.

10.   Si vous aimez vraiment Amma, pratiquez
une sadhana (pratique spirituelle) et connais-
sez-vous vous-mêmes. Amma vous aime sans

rien attendre en retour. Il lui suffirait de voir ses enfants goûter la paix éternelle, oublieux du jour et de la nuit.

11.   Quand vous aimerez de façon désintéressée jusqu'à la moindre fourmi, Amma considèrera que vous l'aimez vraiment, pas avant. A ses yeux, aucune autre forme d'amour n'est de l'amour vrai. Le soi-disant amour né de l'égoïsme lui donne une sensation de brûlure.

12.   L'attitude d'Amma change selon vos pensées et vos actions. La forme féroce du Seigneur sous l'aspect de Narasimha (*mi-homme, mi-lion*), qui se jeta en rugissant sur Hiranyakashipou, le roi des démons, s'apaisa en présence de Son dévot Prahlada. En fonction des comportements de Prahlada et d'Hiranyakashipou, Dieu, qui est pur et au-delà de tout attribut, adopta deux attitudes différentes. L'attitude d'Amma change elle aussi en fonction du comportement de ses enfants. Amma, en

qui vous voyez Snehamayi, l'Incarnation de l'amour, peut parfois devenir Krouramayi, la Cruelle ! Son seul but est de corriger les erreurs de comportement de ses enfants, pour les rendre meilleurs.

Le maître spirituel

13.   Une fois que nous connaissons un maga-sin dans lequel nous pouvons acheter ce dont nous avons besoin, pourquoi irions-nous foui-ner dans toutes les boutiques du quartier ? Ce serait une perte de temps. Quand nous avons trouvé un maître parfait, le moment est venu de cesser nos errances et d'entreprendre une *sadhana* en nous efforçant d'atteindre le but.

14.   Le maître spirituel est indispensable au chercheur. Quand l'enfant s'approche du bord d'un étang, sa mère lui fait comprendre le danger et l'en éloigne. Au moment opportun, le maître donnera lui aussi des instructions appropriées au disciple. Son attention reste toujours fixée sur le disciple.

15.   Bien que Dieu soit omniprésent, la pré-sence du maître est un phénomène unique. Le

vent souffle partout mais nous ressentons une fraîcheur particulière à l'ombre d'un arbre. La brise soufflant à travers le feuillage n'a-t'-elle pas un effet apaisant sur celui qui voyage sous un soleil de plomb ? Pour nous qui vivons dans la chaleur torride du monde, le maître spirituel est nécessaire. Sa présence nous apporte la paix et l'harmonie intérieures.

16.   Mes enfants, aussi longtemps que des excréments restent exposés au soleil, seul le vent peut en éliminer la puanteur. De la même façon, à moins que nous ne vivions auprès d'un maître spirituel, nous aurons beau méditer pendant des siècles, cela ne nous libèrera pas de nos *vasanas*. La grâce du maître est nécessaire. Toutefois, le maître ne répandra sa grâce que sur un esprit innocent.

17.   Pour progresser sur la voie spirituelle, il est nécessaire de s'abandonner totalement au maître spirituel. Quand un enfant apprend

l'alphabet, le professeur lui tient le doigt pour l'aider à dessiner les lettres sur le sable. Les mouvements du doigt de l'enfant doivent être sous le contrôle du maître. Mais si l'enfant se met à penser fièrement : « Moi, je sais tout » et refuse d'obéir au maître, comment pourra-t-il apprendre ?

18.   Mes enfants, les expériences de chacun sont en vérité son Gourou. La douleur est le maître qui nous rapproche de Dieu.

19.   Nous devons éprouver envers le maître spirituel une dévotion empreinte de respect *(bhaya bhakti)* et en outre avoir le sentiment qu'il nous est très proche, qu'il nous appartient. La relation avec le maître est comparable à celle de l'enfant avec sa mère : même si la mère lui donne une fessée ou le repousse, l'enfant continue de s'accrocher à elle. La dévotion mêlée de respect nous aide à progresser sur le plan spirituel mais c'est seulement grâce à ce

lien étroit que nous bénéficierons réellement de la compagnie du maître.

20.   Mes enfants, il ne suffit pas d'aimer votre maître spirituel pour que vos *vasanas* soient détruites. Il faut que votre dévotion et votre foi se fondent sur les grands principes spirituels. Cela implique un dévouement total du corps, du mental et de l'intellect. Cette foi absolue et l'obéissance au maître viendront à bout des *vasanas*.

21.   Une graine doit être semée à l'ombre d'un arbre. Quand elle a germé, il faut la repiquer sinon elle ne se développera pas. De même, le disciple doit rester auprès de son maître au moins deux ou trois ans. Ensuite, il doit poursuivre ses pratiques dans un endroit isolé. Cela est nécessaire à son progrès spirituel.

22.   Un maître authentique ne désire que la croissance spirituelle du disciple. Les épreuves

et les tests auxquels il le soumet ont pour but d'aider le disciple à progresser et à surmonter ses faiblesses. Il se peut même qu'un maître blâme son disciple pour des erreurs qu'il n'a pas commises. Seuls grandiront ceux qui sauront endurer ces épreuves sans fléchir.

23.   Seule l'expérience permet de reconnaître le véritable Gourou.

24.   Un poulet élevé en couveuse ne peut survivre que dans des conditions idéales d'alimentation et d'environnement tandis qu'un poulet élevé à la campagne survivra quelles que soient la nourriture et les circonstances. Mes enfants, le *sadhak* qui vit avec un maître est pareil au poulet de campagne ; il acquiert la force d'affronter toute situation avec courage et de n'être esclave de rien. Il conservera toujours la force acquise grâce à cette relation étroite avec son maître.

25.   Le disciple a parfois une attitude possessive envers le maître ; il n'est pas si facile de détruire cet obstacle. Il cherche à obtenir le maximum d'amour de son Gourou et s'il a le sentiment qu'il ne l'obtient pas, il peut arriver qu'il le critique ou même le quitte. Celui qui désire l'amour du maître doit apprendre à servir autrui de façon désintéressée.

26.   On peut apaiser la colère de Dieu. Mais Dieu Lui-même ne pardonnera pas la faute qui consiste à mépriser le Gourou.

27.   Dieu et le maître sont présents en chacun. Mais au début de la *sadhana*, un maître extérieur est d'une importance extrême. À un certain stade, on devient capable de saisir les principes essentiels inhérents en toute chose et donc de progresser seul. Tant qu'un enfant n'est pas conscient du but à atteindre, il étudie ses leçons par crainte de ses parents et de ses maîtres. Mais dès qu'il prend conscience du

but, il commence à étudier de son plein gré, renonçant au cinéma, au sommeil, à tout ce qui lui plaisait auparavant. Le respect et la crainte qu'il éprouvait jusqu'alors à l'égard de ses parents n'étaient donc pas une faiblesse. Mes enfants, lorsque la conscience du but commence à poindre, le Gourou intérieur s'éveille.

28.   Parmi ceux qui rencontrent un maître spirituel, seuls ceux qui sont aptes à devenir des disciples seront acceptés comme tels. Sans la grâce du maître, il est impossible de le connaître. L'humilité et la simplicité caractérisent ceux qui recherchent sincèrement la vérité ; c'est vers une telle âme que s'écoulera la grâce. Les êtres remplis d'ego n'auront jamais vraiment accès au maître.

29.   Mes enfants, il est possible de déclarer : « Dieu et moi, nous sommes Un », mais un disciple ne dira jamais : « Mon maître et moi, sommes Un ». C'est le maître spirituel qui

éveille le Divin en vous. Là réside sa grandeur qui subsistera éternellement. Le disciple doit se comporter en conséquence.

30. Comme une poule protège sa couvée en la prenant sous ses ailes, le véritable maître prend parfaitement soin de ceux qui se conforment à ses instructions. Il leur fait prendre conscience de leurs plus infimes erreurs et les corrige sur-le-champ. Il ne permet pas à la plus petite parcelle d'ego de se développer chez ses disciples. Pour couper court à tout orgueil, le Gourou agit parfois d'une manière qui peut sembler cruelle.

31. Celui qui observe le forgeron en train de marteler une barre de fer chauffée à blanc peut penser qu'il s'agit d'un homme cruel. Le morceau de fer lui-même songera peut-être qu'il a affaire à une brute. Mais à chaque coup qu'il assène, le forgeron ne pense qu'à la nouvelle

forme en train d'émerger. Mes enfants, c'est ainsi qu'agit le véritable Gourou.

Dieu

32.   Bien des gens demandent : « Existe-t-il un Dieu et si oui, où est-Il ? » Posons-leur la question : « Qui vient en premier, la poule ou l'œuf ? » Ou bien : « Le cocotier est-il apparu avant ou après la noix de coco ? » Qui peut répondre à de telles questions ? Au-delà de la noix de coco, au-delà du cocotier existe une Puissance vivante, substrat de toute chose, une Puissance indescriptible. C'est Dieu. Mes enfants, l'Un qui est la cause première de toute chose, nous l'appelons Dieu.

33.   Mes enfants, nier l'existence de Dieu revient à utiliser sa langue pour dire : « Je n'ai pas de langue ». De même que l'arbre est contenu dans la graine et le beurre dans la crème, Dieu est présent en toute chose.

34.   Bien que l'arbre soit latent dans la graine, celle-ci doit avoir l'humilité de se laisser mettre en terre pour pouvoir germer. Une attitude humble est requise. Pour que l'œuf éclose et donne un poussin, la poule doit d'abord le couver ; cela exige beaucoup de patience. De même, le beurre ne peut être séparé de la crème qu'en préparant du yaourt puis en le barattant longuement. Bien que Dieu soit omniprésent, nous devons fournir des efforts assidus pour Le réaliser.

35.   Tant que subsistent l'ego et l'égoïsme, on ne peut voir Dieu. Si, grâce à nos prières sincères, Dieu fait un pas vers nous, notre égoïsme Le fera s'éloigner de mille pas. Il suffit d'un instant pour sauter dans un puits mais en ressortir est une autre affaire ; de même la grâce de Dieu, difficile à obtenir, peut être perdue en un instant.

36.   Mes enfants, même en pratiquant des austérités pendant de nombreuses vies, il est impossible de réaliser le Soi sans éprouver un amour pur et un désir ardent pour l'Être suprême.

37.   Une femme est considérée comme une sœur par son frère, comme une épouse par son mari et comme une fille par son père. Elle reste pourtant la même personne, quel que soit celui qui la regarde. Ainsi, Dieu est Un. Chacun Le voit à sa façon, selon son caractère.

38.   Dieu peut prendre n'importe quelle forme. Si vous fabriquez un jouet en argile, un éléphant ou un cheval par exemple, l'argile reste de l'argile. Toutes ces formes sont latentes en elle. On peut aussi sculpter d'innombrables formes à partir d'un morceau de bois. Il est possible de voir les formes ou de voir le bois. De même, Dieu est présent en toutes choses et n'a aucun attribut, mais Il se révèle à chacun

selon les différentes conceptions que nous avons de Lui.

39.   Mes enfants, par Sa propre volonté, Dieu peut
revêtir n'importe quelle forme puis retourner à Sa nature primordiale, comme l'eau qui se transforme en glace puis fond et redevient liquide.

40.   La construction d'un barrage permet de stocker l'eau venant de toutes les directions dans un réservoir. Quand on ouvre l'écluse, la chute d'eau produit une grande quantité d'énergie qui permet d'obtenir de l'électricité. De la même façon le mental, qui vagabonde aujourd'hui d'un objet à l'autre, peut apprendre à se concentrer ; l'énergie produite par cette concentration nous permettra d'obtenir la vision de Dieu.

41.   Mes enfants, une fois que nous avons pris refuge en Dieu, il n'y a plus rien à craindre : Dieu prend soin de tout. Il existe un jeu que les enfants appellent *chat* : un enfant, le chat, prend les autres en chasse et essaye de toucher l'un d'eux. Les enfants doivent courir pour éviter que le chat ne les attrape ou se coller contre un arbre désigné au préalable pour se mettre à l'abri du chat. De même, si nous nous agrippons à Dieu, personne ne peut nous nuire.

42.   Quand un fils regarde le portrait de son père, il ne pense ni à l'artiste ni à la peinture, mais à son père. Dans la statue ou dans l'icône, le dévot voit Dieu qui est le Père et la Mère de l'univers. Un athée dira peut-être que nous devons adorer le sculpteur et non la statue. Mes enfants, ceux qui parlent ainsi n'ont aucune notion de Dieu et des principes sur lesquels se fonde la vénération des images.

43.   Il est vain de blâmer Dieu à cause de l'iniquité et des problèmes qui règnent en ce monde. Dieu nous a montré la voie juste et Il n'est pas responsable des maux que nous créons en refusant de la suivre. Inutile de critiquer Dieu. Une mère enjoint à son enfant de ne pas marcher au bord d'un étang ou de ne pas toucher au feu. Si l'enfant refuse d'obéir et tombe dans l'étang ou se brûle les doigts, faut-il blâmer la mère ?

44.   Ceux qui disent : « Dieu s'occupera de tout » et restent assis passivement sont des paresseux. Si Dieu nous a donné une intelligence, c'est pour que nous l'utilisions et agissions avec discernement. Si nous pensons que Dieu doit prendre soin de tout, alors à quoi sert notre intelligence ?

45.   Certains argumentent : « Si tout est la volonté de Dieu, n'est-ce pas Lui qui nous fait commettre des erreurs ? » Ce genre de discours

n'a pas de sens. La responsabilité d'une action accomplie avec le sens de l'ego incombe à son auteur seul et non à Dieu. Si nous croyons réellement que Dieu nous a fait commettre un crime, nous devons accepter que la sentence de pendaison prononcée par le juge à notre égard émane elle aussi de Dieu. En sommes-nous vraiment capables ?

46. Mes enfants, la Réalisation de Dieu et la Réalisation du Soi sont une seule et même chose. La capacité d'aimer tous les êtres, une équanimité parfaite et un esprit qui embrasse tout, c'est en soi la Réalisation de Dieu.

47. L'amour des êtres du monde entier ne saurait nous donner même une fraction infinitésimale de la félicité que nous apporte un seul instant de l'amour de Dieu. La béatitude que nous donne Son Amour est si grande qu'aucun amour ne peut lui être comparé.

48. Le fait de ne pas voir Dieu nous donne-t-il le droit d'affirmer que Dieu n'existe pas ? Beaucoup de gens n'ont jamais vu leur grand-père. Disent-ils pour autant que leur père n'avait pas de père ?

49. Enfants, nous posons d'innombrables questions. Nous apprenons énormément de notre mère et lui obéissons. Après avoir grandi un peu, nous racontons nos problèmes à nos amis. Adultes, nous nous confions à notre conjoint. Telle est notre tendance *(samskara)*. Nous devrions changer cela et pouvoir confier nos peines à un être beaucoup plus vaste. Nous ne nous sentons soulagés qu'après avoir partagé notre chagrin avec autrui. Puisque nous sommes incapables de croître sans compagnon, que ce compagnon et confident soit Dieu.

50. L'ami d'aujourd'hui est peut-être l'enne-mi de demain. Notre seul refuge, le seul ami

en qui nous pouvons toujours avoir confiance est Dieu.

51.   Si vous avez foi en Dieu, croyez-vous qu'Il y gagne quelque chose ? Le soleil a-t-il besoin de la lueur d'une bougie ? La foi ne profite qu'au croyant. Quand, dans un temple, nous participons avec foi à l'adoration de Dieu et que nous contemplons le camphre qui brûle en offrande, notre mental atteint la concentration et la paix.

52.   Les adeptes des différentes religions ont leur propre tradition et se réunissent dans des lieux de culte distincts, mais Dieu est Un. Le lait se dit *pal* en malayalam et *doudh* en hindi, mais cela ne change rien à sa qualité et à sa couleur. Les Chrétiens vénèrent le Christ. Les Musulmans appellent Dieu Allah. La forme de Krishna n'est pas la même dans le Kérala que dans le nord de l'Inde où on le représente coiffé d'un turban,etc. Chacun imagine et adore

Dieu selon sa culture et ses inclinations. Les *mahatmas* ont représenté le même Dieu sous des formes diverses, en fonction des besoins de leur époque et du goût des gens.

53.   Pour se libérer de l'identification avec le corps et accéder au Soi glorieux, il faut éprouver un désespoir semblable à celui de quelqu'un pris au piège dans une maison en flammes ou en train de se noyer au large. Une telle personne n'a pas à attendre longtemps pour obtenir la vision de Dieu.

54.   Mes enfants, si l'on perd ses clés, on va chercher un serrurier pour qu'il ouvre la porte. De même, pour ouvrir le cadenas de l'attraction-répulsion, il faut aller chercher la clé, qui se trouve entre les mains de Dieu.

55.   Dieu est le fondement de toutes choses. La foi en Dieu permet à l'amour de s'épanouir en nous. De l'amour naît le sens du *dharma*,

suivi par celui de la justice. Nous serons alors en paix. Nous devrions mettre autant d'ardeur à soulager les souffrances d'autrui qu'à appliquer de la pommade sur notre main en cas de brûlure. Une foi absolue en Dieu permet de développer cette faculté d'empathie.

Mahatmas

Grandes âmes

56. « Le même Soi qui demeure en tous les êtres demeure en moi également. Rien n'est différent de moi. Les peines et les difficultés d'autrui sont les miennes. » Celui qui comprend ces vérités par sa propre expérience est un *jnani* (un sage.)

57. La différence entre une incarnation divine et une âme individuelle libérée est comparable à celle qui existe entre un chanteur né avec un don prodigieux pour la musique et une personne qui a appris le chant. Il suffit que le premier entende un chant une seule fois pour qu'il le maîtrise alors qu'il faudra beaucoup de temps à l'autre pour l'apprendre.

58. Puisque tout fait partie de Dieu, tout le monde est une incarnation divine. Toutefois

ceux qui, ignorant qu'ils font partie de Dieu, pensent : « Je suis le corps, voici *ma* maison, *ma* propriété » sont des *jivas* (âmes individuelles).

59.   La descente de Dieu sous une forme humaine est appelée une incarnation divine (*avatar*). Un *avatar* possède un sentiment de plénitude que les autres n'ont pas. Comme il ne fait qu'un avec la nature, son mental est différent de ce que nous entendons généralement par mental. Le mental d'une incarnation divine contient tous les autres. Une incarnation est le mental universel ; elle est au-delà de toutes les paires d'opposés, au-delà du pur et de l'impur, de la joie et de la peine.

60.   Rien ne limite une incarnation divine. Un *avatar* est comme le sommet d'un iceberg dans l'Océan de Brahman *(l'Absolu)*. Dieu ne peut confiner la totalité de Son pouvoir dans un corps humain de 1m50 ou 1m80 mais Il peut travailler à Son gré au travers de ce petit

corps. Voilà ce qu'il y a d'unique chez une incarnation divine.

61.   Les incarnations aident énormément les êtres humains à se rapprocher de Dieu. C'est uniquement pour vous que Dieu revêt une forme. Un *avatar* n'est pas son corps, même s'il peut parfois nous apparaître comme tel.

62.   Partout où vont les *mahatmas*, les gens se rassemblent autour d'eux. Ils sont attirés par un *mahatma* comme la poussière par un tourbillon de vent. Le souffle d'un *mahatma* et la brise même qui effleure son corps sont un bienfait pour le monde.

63.   Mes enfants, Jésus mourut sur une croix et Shri Krishna fut tué par une flèche. C'est arrivé uniquement parce que telle était leur volonté. Personne ne peut s'approcher d'une incarnation divine contre Sa volonté. Krishna et Jésus auraient pu réduire en cendres ceux

qui s'opposaient à Eux mais Ils ne l'ont pas
fait. Ils se sont incarnés pour servir d'exemple
au monde et pour montrer la véritable signification du sacrifice.

64. Un *sannyasi* (moine) est quelqu'un qui
a renoncé à tout. Un *sannyasi* supporte et
pardonne les actions erronées des gens et
les conduit avec amour sur le bon chemin.
Il est l'exemple même du sacrifice de soi. À
jamais établi dans la béatitude, son bonheur ne
dépend d'aucun objet extérieur. Il se délecte
dans son propre Soi.

65. Un adulte qui marche en tenant un enfant
par la main va lentement et fait de petits pas
pour éviter que l'enfant trébuche et tombe.
Ainsi, pour élever le niveau de conscience des
gens ordinaires, il faut d'abord se mettre à leur
niveau. Un chercheur ne doit jamais penser
avec orgueil : « Moi, je suis *sannyasi* ». Sa vie
doit servir d'exemple au monde.

66.   Au cours de sa vie, Shri Krishna joua bien des rôles : Il fut berger, roi, messager, chef de famille et conducteur de char. Il ne s'est jamais tenu à l'écart en songeant : « Je suis le roi ». Krishna enseigna comment adapter son comportement aux *samskaras* (dispositions mentales) de chaque personne afin de lui montrer le chemin. Seules de grandes âmes comme Lui peuvent guider le monde.

67.   Certains endossent un habit ocre et déclarent avec fierté : « Je suis un *sannyasi* ». Ils ressemblent aux plantes sauvages de colocasia. Les variétés sauvage et domestique de cette plante ont toutes deux la même apparence mais quand on les arrache, la première n'a pas de tubercules. L'ocre est la couleur du feu. Seuls ceux qui ont brûlé l'identification avec le corps sont aptes à porter cette couleur.

Les Écritures

68.   Mes enfants, les Écritures révèlent les expériences des *rishis* (sages ayant réalisé le Soi). Nous ne pouvons en comprendre le sens avec l'intellect. Seule l'expérience nous en donne la connaissance réelle.

69.   Inutile d'étudier toutes les Écritures, dont le corpus est aussi vaste que l'océan. Il suffit d'en extraire les principes essentiels, comme on recueille les perles de la mer. Si nous mâchons un morceau de canne à sucre, nous en suçons le jus et recrachons les fibres.

70.   Seul celui qui pratique une *sadhana* peut saisir les aspects subtils des Écritures.

71.   La seule étude des Écritures ne peut mener à la perfection. Pour guérir d'une maladie, il ne suffit pas de lire la posologie

inscrite sur une boîte de médicament ; il faut prendre le remède. Nous ne pouvons atteindre la Libération simplement par l'étude des textes sacrés ; il est essentiel de pratiquer une discipline spirituelle.

72.   La méditation alliée à l'étude des textes sacrés est préférable à la méditation seule. Quand le mental est agité, celui qui a étudié les Écritures peut puiser de nouvelles forces en réfléchissant à leurs paroles ; il ne sombrera pas dans la dépression. Les paroles des Écritures l'aideront à surmonter ses faiblesses. Seuls ceux qui pratiquent une *sadhana* tout en étudiant les Écritures peuvent vraiment servir le monde de façon désintéressée.

73.   L'étude des Écritures est nécessaire jusqu'à un certain point. Celui qui a étudié l'agriculture peut facilement planter et cultiver un cocotier. Dès qu'il verra le moindre symp-

tôme de maladie apparaître, il saura comment y remédier.

74. Il est impossible d'étancher sa soif en dessinant une noix de coco. Pour obtenir des fruits, il faut d'abord planter un arbre et en prendre soin. Et pour faire l'expérience de ce qui est décrit dans les Écritures, il faut accomplir des pratiques spirituelles.

75. Celui qui passe son temps à acquérir une connaissance théorique des Écritures sans faire aucune *sadhana* est pareil à l'idiot qui essaye de vivre dans le plan de sa maison.

76. Connaître la route nous permet de voyager sans difficulté et d'atteindre notre destination au plus vite. Mes enfants, les Écritures sont les cartes géographiques qui nous indiquent le chemin vers notre but spirituel.

77.   Celui qui a choisi de suivre une voie spirituelle ne doit pas étudier les Écritures plus de trois heures par jour. Il devrait consacrer le reste du temps au *japa* (répétition du nom du Seigneur) et à la méditation.

78.   Celui qui étudie les Écritures de façon excessive a du mal à méditer car il éprouve toujours le désir d'enseigner. Il pense : « Je suis Brahman. Pourquoi devrais-je méditer ? » Même s'il essaye de s'asseoir en méditation, son mental l'en empêchera et le contraindra à se lever.

79.   Mes enfants, que retirerez-vous d'une vie passée à étudier les Écritures ? Faut-il manger tout un sac de sucre pour en connaître le goût ? Une pincée suffit.

80.   Imaginez qu'au grenier, une graine se croie indépendante et pense : « Pourquoi devrais-je m'incliner vers le sol ? » Elle ne

comprend pas que c'est seulement si elle quitte le grenier et germe en terre qu'elle se multipliera et sera utile. En restant dans le grenier, elle ne peut que servir de nourriture aux rats. L'érudit qui ne connaît que les Écritures ressemble à cette graine. Sans *sadhana*, comment fera-t-il bon usage de la connaissance ? Tel un perroquet, il ne pourra que répéter : « Je suis le Réel, je suis Brahman. »

Jnana, bhakti et karma yoga

Connaissance, dévotion et action

81.   Il se peut qu'une personne aime manger cru le fruit du jacquier, tandis qu'une autre le préfère cuit et une troisième grillé. Bien que les goûts soient différents, le but de ceux qui se nourrissent demeure le même : apaiser leur faim. Ainsi, chacun adopte une voie différente pour connaître Dieu. Mes enfants, quel que soit le chemin choisi, le but reste le même : réaliser Dieu.

82.   Quand elle n'est pas fondée sur la compréhension des principes essentiels de la spiritualité, la dévotion ne peut pas nous apporter la Libération ; elle n'aboutit qu'à l'attachement. Elle est comme le jasmin, une plante grimpante qui s'accroche aux arbres et s'étend latéralement au lieu de s'élever vers le ciel.

83.   Acquérir la connaissance sans dévotion revient à essayer de mâcher des pierres.

84.   La dévotion enracinée dans le principe essentiel *(tattwatile bhakti),* c'est prendre refuge dans le Dieu unique qui se manifeste en tant que Tout et aimer ce Dieu sans rien attendre en retour, sans imaginer qu'il existe plusieurs dieux. Gardant le but bien présent à l'esprit, allons de l'avant. Si l'on veut se rendre à l'est, inutile de se diriger vers l'ouest.

85.   Mes enfants, le but de la vie est la Réalisation de Dieu. Efforcez-vous de l'atteindre ! Pour appliquer un remède, il faut d'abord bien nettoyer la blessure, sinon elle risque de mal cicatriser et de s'infecter. Ainsi, il faut d'abord laver l'ego avec les eaux de la dévotion et de l'amour avant de pouvoir recevoir la Connaissance. C'est seulement alors que vous vous épanouirez spirituellement.

86.   Le beurre ne rancit pas si on le fait fondre ; mais s'il refuse de fondre et s'obstine à dire fièrement : « Je suis du beurre ! », il finira par sentir mauvais. Mes enfants, seule la dévotion peut nous permettre d'éliminer l'ego et les autres impuretés.

87.   Certains demandent pourquoi Amma accorde tant d'importance à la voie de la dévotion (*bhakti yoga*). Mes enfants, Shankaracharya lui-même, alors qu'il avait établi l'*advaïta* (la philosophie de la non-dualité), en est venu à écrire finalement le *Saundarya Lahari* (versets de louange à la Mère divine). Le Sage Vyasa, auteur des *Brahma Sutras*, ne fut satisfait qu'après avoir écrit le *Srimad Bhagavatam*, qui glorifie la vie de Krishna. Quand ils constatèrent que les discours sur l'*advaïta* ou la rédaction des *Brahma Sutras* n'étaient guère utiles au commun des mortels, Shankara et Vyasa composèrent des ouvrages dévotionnels. Sur mille individus, un ou deux

seulement parviendront au but en suivant la voie de la connaissance *(jnana yoga)*. Comment Amma pourrait-elle rejeter les autres chercheurs ? Seule la voie de la dévotion leur permettra de progresser.

88.   La voie de la dévotion et de l'amour nous procure dès le début le fruit de la félicité ; les autres voies ne nous l'offrent qu'à la fin. *Bhakti* est semblable à l'arbre du jacquier qui porte des fruits dans les branches basses tandis qu'il faut grimper au sommet des autres arbres pour en cueillir les fruits.

89.   Au départ, notre dévotion envers Dieu doit être empreinte de terreur sacrée *(bhaya bhakti)*. Par la suite, ce n'est plus nécessaire. Quand nous atteignons l'état d'Amour suprême, la crainte et le respect sacré disparaissent.

90.   Tout le monde s'accorde à dire qu'il suffit de suivre la voie de l'action *(karma)* ; mais pour agir correctement, il faut avoir la connaissance. Une action accomplie sans connaissance n'est pas une action juste.

91.   Les actions accomplies avec *shraddha* (foi et attention) nous mènent à Dieu. Soyez très attentifs et vigilants, car c'est la seule manière de parvenir à la concentration. Bien souvent, c'est une fois l'action achevée que nous prenons conscience de notre inattention. C'est après avoir quitté la salle d'examen que l'étudiant pense : « Oh, j'aurais dû répondre de telle manière ! » À quoi sert d'y penser après coup ?

92.   Mes enfants, accomplissez toute action avec beaucoup d'attention et de vigilance. Une action faite sans *shraddha* ne sert à rien. Si un *sadhak* peut se souvenir des détails d'actions qu'il a accomplies des années aupa-

ravant, c'est grâce à l'extrême attention qu'il y a consacrée. Même lorsque les actions que nous accomplissons sont banales en apparence, nous devrions y mettre toute notre attention.

93.   Bien qu'une aiguille semble un objet insignifiant, nous faisons très attention quand nous en utilisons une. Sinon, il est impossible de passer le fil dans le chas de l'aiguille. En cousant, il suffit d'une seconde d'inattention pour se piquer le doigt. On ne jette pas non plus l'aiguille par terre avec négligence, car elle pourrait percer le pied de quelqu'un et le faire souffrir. Quelle que soit sa tâche, le *sadhak* doit y apporter la même qualité d'attention.

94.   Ne parlons pas en travaillant sinon nous n'obtiendrons pas la concentration. Une action accomplie sans concentration, sans attention, ne sert à rien. Quelle que soit notre activité,

n'oublions pas de répéter le *mantra* tout en travaillant. Si la tâche à accomplir est telle que nous ne puissions pas faire le *japa*, avant de commencer, prions ainsi : « Mon Dieu, c'est grâce à Ta puissance que j'accomplis Ton travail. Donne-moi la force et la faculté de bien le faire. »

95.   Seul un petit nombre de gens sont aptes à suivre la voie de la connaissance (*jnana*) : ce sont ceux qui ont hérité de ce *samskara* lors de vies précédentes. Mais en présence d'un maître spirituel authentique, il n'y a aucun problème quelle que soit la voie choisie.

96.   Au début, la vigilance extérieure et l'attention *(shraddha)* sont nécessaires. Tant que nous ne sommes pas vigilants extérieurement, nous serons incapables de conquérir notre nature intérieure.

97.   Celui qui se souvient toujours de Dieu, quel que soit son travail, est le véritable *karma yogi*, est un vrai chercheur. Il voit Dieu en tout ce qu'il fait. Son esprit n'est pas fixé sur son ouvrage, il demeure en Dieu.

Pranayama

Contrôle du souffle

98.   Le *pranayama* doit être pratiqué avec le plus grand soin. Pour faire les exercices, il faut s'asseoir la colonne vertébrale très droite. Il est possible de soigner et de guérir des maladies courantes, mais il n'en va pas de même avec les troubles dus à une mauvaise pratique du *pranayama*.

99.   La pratique du *pranayama* déclenche des mouvements dans les intestins et dans la partie inférieure de l'abdomen. Chaque exercice de *pranayama* doit être pratiqué pendant une durée bien définie sinon le système digestif peut être endommagé de façon irréversible. Les aliments ressortiront alors sans avoir été digérés. On ne doit pratiquer le *pranayama* que sous la conduite personnelle d'un guide expérimenté. À chaque étape, il saura ce qu'il convient de faire, quelle

plante médicinale administrer, etc. Il peut être dangereux de pratiquer le *pranayama* uniquement d'après les livres et personne ne devrait jamais le faire.

100. Mes enfants, le nombre de cycles de *pranayama* à accomplir est défini à chaque stade. Si vous ne respectez pas ces instructions à la lettre, cela peut être dangereux. Cela revient à vouloir faire rentrer dix kilos de riz dans un sac qui ne peut en contenir que cinq.

101. *Koumbhaka* est un état dans lequel la respiration s'arrête ; il apparaît spontanément lorsqu'on atteint la concentration. On peut dire que le souffle lui-même est la pensée. Le rythme respiratoire change en fonction du degré de concentration du mental.

102. Même sans pratiquer le *pranayama*, la rétention du souffle *(koumbhaka)* peut se pro-

duire grâce à la dévotion. Il suffit de répéter constamment le mantra.

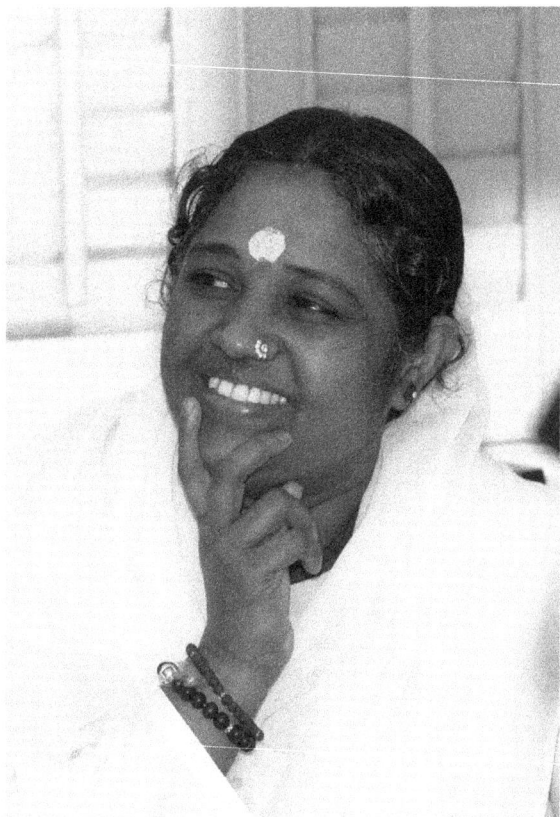

La méditation

103. Concentrer son esprit, telle est la véritable éducation, la vraie connaissance.

104. On peut méditer en fixant l'attention sur le cœur ou entre les sourcils. Si l'on ne parvient pas à rester confortablement assis dans une position donnée, il vaut mieux méditer en fixant l'attention sur le cœur. La méditation sur le point entre les sourcils ne doit être pratiquée qu'en présence d'un maître, car méditer ainsi peut provoquer un excès de chaleur au niveau de la tête, parfois accompagné de maux de tête et de vertiges. Cela peut aussi engendrer des insomnies. Dans de telles circonstances, le maître saura ce qu'il faut faire.

105. La méditation aide l'esprit à se libérer de l'agitation et des tensions. Pour méditer, il n'est pas nécessaire de croire en Dieu. L'esprit peut

se fixer sur n'importe quelle partie du corps ou sur un autre point. On peut aussi imaginer que l'on se fond dans l'Infini, comme une rivière qui rejoint l'océan.

106. Le bonheur ne provient pas des objets extérieurs, mais de la dissolution du mental. La méditation nous apporte non seulement la béatitude, mais aussi la longévité, la vitalité, le charme, la santé, la force et l'intelligence. Mais pour cela, il faut pratiquer la méditation correctement, avec soin et vigilance, et dans la solitude.

107. Il est possible d'acquérir concentration et pureté mentale en méditant sur une des formes de Dieu. Même si nous n'en sommes pas conscients, les qualités pures *(sattviques)* de la divinité bien-aimée se développent alors en nous. Ne laissez pas votre esprit vagabonder, même lorsque vous ne faites rien. Partout où

se pose votre regard, imaginez la forme de votre divinité bien-aimée.

108. Si vous aimez méditer sur une flamme, cela suffit. Assis dans une pièce obscure, regardez pendant quelque temps la flamme d'une bougie. La flamme ne doit pas vaciller. On peut méditer sur elle en la visualisant dans le cœur ou entre les sourcils. On peut aussi se concentrer, après avoir contemplé la flamme un moment, sur la lumière que l'on voit alors en fermant les yeux. Représentez-vous votre divinité bien-aimée debout dans la flamme, ou mieux encore, dans un feu sacrificiel *(homa)*. Imaginez que vous offrez votre ego, votre colère, votre jalousie, tous vos défauts, à votre divinité bien-aimée, afin qu'ils soient consumés dans le feu sacrificiel.

109. N'interrompez pas votre méditation sous prétexte que la forme n'est pas claire. Essayez de visualiser intérieurement chaque

partie du corps de votre divinité bien-aimée, en commençant par les pieds puis en remontant jusqu'à la tête. Donnez-lui le bain rituel. Parez-la d'habits et d'ornements. Nourrissez Dieu ou la divinité de vos propres mains. Grâce à ces visualisations, la forme de votre divinité d'élection ne s'effacera pas de votre esprit.

110. Mes enfants, contraindre l'esprit à pratiquer la méditation revient à essayer d'immerger un morceau de bois dans l'eau. Dès qu'on relâche la pression, le bois remonte immédiatement. S'il ne vous est pas possible de méditer, faites le *japa*. Grâce au *japa*, le mental acquerra la capacité de méditer.

111. Au début, la méditation sur une forme est nécessaire. Grâce à elle, l'esprit se fixe sur la divinité bien-aimée. Quels que soient la méthode et le support employés, l'important est la concentration. À quoi sert de rajouter des timbres sur une enveloppe dont l'adresse n'est

pas libellée correctement ? C'est ce que nous faisons en pratiquant le *japa* et la méditation sans concentration.

112. C'est lorsque nous essayons de chasser les pensées négatives qu'elles commencent à poser des problèmes. Auparavant, lorsque nous nous laissions aller à de telles pensées, elles ne nous dérangeaient pas. Mais quand nous adoptons une attitude différente, nous prenons conscience de notre négativité. Ces pensées étaient présentes auparavant, mais nous n'y prêtions pas attention. Si des pensées négatives surgissent pendant la méditation, nous devrions raisonner ainsi : « Ô mon mental, à quoi bon alimenter de telles pensées ? Ton but est-il de les entretenir ? » Les pensées et les objets ayant trait à ce monde devraient nous laisser dans une indifférence totale. Cultivons le détachement et laissons croître en nous l'amour pour Dieu.

113. Mes enfants, si vous avez sommeil pendant la méditation, faites très attention à ne pas vous laisser gagner par la somnolence. Si vous avez sommeil, levez-vous et marchez en répétant votre mantra. Alors la léthargie (*tamas*) disparaîtra. Au début de la pratique de la méditation, toutes les qualités *tamasiques* (d'inertie) remontent à la surface. Mais si vous êtes vigilants, elles s'évanouiront avec le temps. Si vous avez sommeil, levez-vous et pratiquez le *japa* en marchant : aidez-vous du *mala* (chapelet) en le tenant près de votre cœur et continuez sans hâte le *japa*, avec attention. Quand vous méditez, ne vous appuyez pas contre quoi que ce soit et ne remuez pas les jambes.

114. Où que vous soyez, assis ou debout, gardez la colonne vertébrale toujours bien droite. Ne méditez pas dans une position voûtée. Le mental est un voleur et il guette toujours l'occasion de nous mettre dans son sac. Si nous

nous appuyons contre un support, nous nous endormirons sans nous en rendre compte.

115. Il faut un minimum de trois ans avant de pouvoir bien fixer en soi la forme sur laquelle on médite. Efforçons-nous au début d'atteindre la concentration en regardant une image ou une photo de notre divinité d'élection. Après avoir contemplé pendant dix minutes notre support de méditation, méditons les yeux fermés pendant dix minutes. Si nous persévérons, nous obtiendrons peu à peu une vision intérieure nette de la forme.

116. Si la forme disparaît de votre mental pendant la méditation, essayez de la visualiser de nouveau. Vous pouvez aussi imaginer que vous enroulez et déroulez la corde du *japa* autour de votre divinité bien-aimée, de la tête aux pieds et des pieds à la tête. Cela vous aidera à fixer le mental sur la forme.

117. Parler juste après la méditation revient à dépenser tout l'argent durement gagné pour acheter des cacahuètes. La puissance acquise grâce à la méditation est ainsi complètement épuisée.

118. La nuit, l'atmosphère est paisible : les oiseaux, les animaux et les gens tournés vers le monde sont plongés dans le sommeil. Il y a donc moins de pensées profanes dans l'atmosphère la nuit. Les fleurs s'épanouissent dans les dernières heures de la nuit. L'atmosphère est alors empreinte d'une énergie spéciale. Si nous consacrons ces heures à la méditation, notre esprit se concentre sans difficulté et reste longtemps absorbé en contemplation. La nuit est le moment où les yogis restent éveillés.

119. Quand nous méditons sur une forme, nous méditons en réalité sur nous-mêmes. À midi, quand le soleil est au zénith, il n'y a pas d'ombre. Il en va de même avec la méditation

qui utilise le support d'une forme : quand on parvient à un certain stade, la forme disparaît d'elle-même. Dans l'état de perfection, il n'y a plus ni ombre, ni dualité, ni illusion.

Mantra

120. Si les *mantras* n'avaient pas de pouvoir, les mots n'en auraient pas non plus. Si vous dites à quelqu'un : « Sors d'ici ! » d'un ton coléreux, l'effet produit n'est pas le même que si vous lui demandez aimablement : « Veuillez sortir, s'il-vous-plaît. » Celui qui écoute n'aura-t-il pas une réaction différente ?

121. Le *mantra* sert à purifier l'esprit, non à satisfaire Dieu. A quoi pourrait bien Lui servir un *mantra* ?

122. Ne créez pas de confusion dans votre esprit en essayant de réfléchir à la signification du *mantra* ; il suffit de le réciter. Que vous soyez venu à l'ashram en bus, en voiture, en bateau ou en train, perdez-vous votre temps à vous interroger sur le véhicule une fois arrivé

à destination ? Il suffit de prendre conscience du but.

123. Un *mahatma* peut donner l'initiation *(diksha)* de différentes manières : par le regard, par le toucher, par la pensée, par l'initiation à un *mantra*. L'initiation au *mantra* doit être reçue d'un maître réalisé *(satguru)*. Si le maître n'est pas un *satguru*, cela revient à utiliser un filtre sale pour purifier l'eau : elle devient encore plus impure.

124. Mes enfants, si vous êtes dans le bus et avez déjà acheté votre billet, restez tout de même vigilants. Gardez précieusement votre ticket. Si le contrôleur passe et que vous n'avez pas de ticket à lui montrer, il vous fera descendre. Ainsi, ce n'est pas parce que vous avez reçu un *mantra* qu'il faut croire que votre tâche est achevée. Le mantra ne vous mènera au but que si vous l'utilisez correctement.

125. Mes enfants, il est difficile d'avancer à la rame lorsque l'embarcation est prise dans les plantes aquatiques qui encombrent la surface de l'eau. Si nous les enlevons, le bateau avancera bien plus facilement. Ainsi, il est plus facile de méditer quand les impuretés du mental ont été éliminées grâce au *japa*.

126. Il est important de répéter le *mantra* consciemment. Pendant le *japa*, essayez d'éviter au maximum toute autre pensée. Prenez soin de fixer votre esprit soit sur la forme choisie pour la méditation, soit sur les lettres du *mantra*.

127. Mes enfants, répétez sans cesse votre *mantra*. L'esprit doit s'entraîner à pratiquer le *japa* sans interruption. Ainsi le *japa* se poursuivra spontanément quelle que soit votre occupation. Partout où elle va, l'araignée continue de tisser sa toile. De même, la récitation du *mantra* devrait accompagner chacune de nos actions.

128. Nous avons beau nourrir et caresser un chat, dès que nous tournons le dos, il en profite pour chaparder. Le mental fait de même. Pour le dompter et obtenir la concentration, répétez constamment votre *mantra*. Que nous marchions ou travaillions, que nous soyons assis ou debout, le *mantra* ne devrait jamais s'interrompre, comme un filet d'huile que l'on transvase.

129. Au début de la *sadhana*, pendant que vous contemplez la forme de notre divinité, il est également nécessaire de réciter le *mantra(japa)*. Ne vous inquiétez pas si la forme n'est pas nette ; continuez simplement votre *japa*. Au fur et à mesure que vous progressez, l'esprit se fixe sur la forme et le *japa* ralentit de lui-même.

130. Mes enfants, il n'est pas nécessaire de réciter ou de chanter les différents *Sahasranama* (litanie de mille Noms décrivant différents

aspects d'une divinité). Un seul *Sahasranama* suffit. Tout est contenu en chacun d'eux.

131. Mes enfants, dès que votre mental s'agite, répétez votre *mantra*, sinon l'agitation ne fera que croître. Quand l'esprit n'est pas en paix, il se tourne vers un objet extérieur. Comme cet objet ne parvient pas à le combler, il en cherche un autre. Aucun objet extérieur ne peut nous apporter la tranquillité. Seuls le souvenir de Dieu et la répétition du *mantra* peuvent ramener l'esprit à la quiétude. Lire des livres sur la spiritualité est aussi une bonne chose.

132. Les enfants apprennent à compter à l'aide d'un boulier. Grâce à cette méthode, ils progressent rapidement. Ainsi, quand vous apprenez comment contrôler le mental, il est bon d'utiliser un *mala* (chapelet) pendant que vous répétez votre mantra. Plus tard, vous n'en aurez plus besoin. Si vous pratiquez le *japa* régulièrement, le processus fera si intimement

partie de vous que même dans votre sommeil, il se poursuivra à votre insu.

133. Nous aurons beau méditer et répéter le *mantra*, si nous n'avons pas d'amour pour Dieu, nos pratiques spirituelles ne donneront pas de fruits. Si nous ramons à contre-courant, quels que soient nos efforts, le bateau n'avance que très lentement ; mais si nous hissons une voile, il prendra de la vitesse. L'amour pour Dieu est pareil à la voile qui nous aide à avancer rapidement vers notre but. Il nous permettra d'atteindre le but très facilement.

Bhajans

Chants dévotionnels

134. Dans le *Kaliyuga* (l'âge sombre du matérialisme), le *japa* et les *bhajans* (chants dévotionnels) sont d'une grande efficacité. L'argent
gagné autrefois en vendant 1000 arpents de
terre peut être gagné de nos jours en n'en
vendant qu'un seul. C'est une des particularités
du *Kaliyuga*. Si nous obtenons ne serait-ce que
cinq minutes de concentration, il s'agit d'un
grand acquis.

135. À la tombée de la nuit, l'atmosphère est
remplie de vibrations impures. Ce moment
de fusion entre le jour et la nuit est le plus
propice à la méditation pour un *sadhak*, car il
peut alors atteindre un bon niveau de concentration. Si nous ne faisons aucune pratique
spirituelle au moment du coucher du soleil,
nos pensées se tournent encore davantage

vers les choses de ce monde. C'est pour cela qu'au crépuscule, nous chantons les *bhajans* à haute voix. Cette pratique purifie et le chanteur, et l'atmosphère.

136. L'atmosphère du *Kaliyuga* est saturée de toutes sortes de bruits et pour parvenir à la concentration, il est plus efficace de chanter des *bhajans* que de méditer. La pratique de la méditation requiert un environnement paisible, c'est pourquoi chanter des *bhajans* donne de meilleurs résultats ; chantés à voix haute, ils couvrent les bruits distrayants et nous permettent de nous concentrer. La méditation vient ensuite. *Bhajans*, concentration, méditation, la progression se fait dans cet ordre. Mes enfants, le souvenir ininterrompu de Dieu, c'est cela la méditation.

137. Chanter des *bhajans* sans concentration est un gaspillage d'énergie. Si nous les chantons avec concentration, ils profitent au chanteur, à

l'auditeur et à la Nature. Peu à peu, ces chants aideront l'esprit des auditeurs à s'éveiller.

Observance des vœux

138. Mes enfants, si le rivage est là, c'est pour contenir les vagues de la mer. Dans la vie spirituelle, l'observance des vœux permet de maîtriser les vagues du mental.

139. Certains jours du mois (onzième jour de la lune croissante, *ekadasi*, et le jour de la pleine lune), les vibrations de l'atmosphère sont plus impures. Ces jours-là, il est bon d'observer un vœu de silence et de ne manger que des fruits. Comme les fruits sont couverts d'une peau, les impuretés atmosphériques ne les affectent que très peu. Ces jours-là, il est particulièrement important de faire des pratiques spirituelles. Quelles que soient nos pensées, spirituelles ou mondaines, efforçons-nous d'obtenir une meilleure concentration.

140. Le chercheur spirituel peut avec profit purger son système digestif au moins deux fois par mois. Les fèces accumulées dans les intestins engendrent de l'agitation et de la négativité dans le mental. La purge permet de nettoyer non seulement le corps, mais aussi le mental.

141. Une fois par semaine, observez un vœu de silence, ne mangez que des fruits et consacrez la journée à la méditation *(dhyana)* et au *japa*. Votre corps et votre *sadhana* en bénéficieront.

142. Il est utile au chercheur qui pratique une *sadhana* régulière de jeûner de temps en temps. Ceux qui méditent et font par ailleurs un travail fatiguant ne devraient pas jeûner mais prendre la quantité de nourriture nécessaire ; les fruits sont excellents.

143. L'aspirant spirituel doit choisir avec soin chacun des mots qu'il prononce. Il devrait

parler à voix basse, obligeant l'interlocuteur à garder son esprit et ses sens en éveil pour pouvoir l'entendre.

144. Un malade qui souhaite guérir doit observer certaines restrictions. De même, le chercheur doit observer certaines règles jusqu'à ce qu'il ait atteint le but : parler le moins possible, faire des vœux de silence, maîtriser la façon dont il se nourrit.

145. Observer des vœux n'est pas une preuve de faiblesse. Pour construire une barque, on ne peut utiliser que des planches assez souples pour être courbées. Pour les rendre flexibles, il faut les chauffer. Ainsi, en suivant une discipline spirituelle, nous parvenons à la maîtrise du mental. Il est impossible de maîtriser le corps sans dompter le mental.

Patience et discipline

146. Mes enfants, la vie spirituelle n'est possible que pour celui qui a de la patience.

147. Il est impossible d'évaluer la croissance spirituelle de quelqu'un en observant
ses actions extérieures. Dans une certaine
mesure, on peut juger des progrès spirituels en
observant ses réactions lors de circonstances
défavorables.

148. Comment celui qui se met en colère pour
une bagatelle pourrait-il guider le monde ?
Mes enfants, seule une personne douée de
patience est capable de guider les autres. Il
faut que l'ego ait complètement disparu. Peu
importe le nombre de gens qui s'assoient sur
une chaise, celle-ci ne se plaint jamais. Quel
que soit le nombre de gens qui se mettent en
colère contre nous, nous devrions développer

la force de supporter leur attitude et de leur pardonner. Sinon, notre pratique de la *sadhana* est vaine.

149. La colère fait perdre une grande partie de la force acquise grâce à la *sadhana*. Lorsqu'un véhicule est lancé sur la route, il a besoin d'assez peu d'énergie ; mais pour l'arrêter et le faire repartir, il faut plus de carburant. Quand nous nous mettons en colère, notre force se dissipe par tous les pores de la peau.

150. Si nous appuyons dix ou vingt fois sur le poussoir d'un briquet, nous gaspillons du gaz. Nous le savons, même si nous ne le voyons pas. Il y a ainsi bien des manières de gaspiller l'énergie accumulée grâce aux bonnes pensées. Par exemple, si nous nous mettons en colère, tout ce que nous avons acquis grâce à la *sadhana* est perdu. Quand nous parlons, l'énergie n'est dépensée que par la bouche, mais quand nous sommes en colère, l'énergie s'échappe

par les yeux, les oreilles et par tous les pores de la peau.

151. Mes enfants, respecter un emploi du temps rigoureux est pour un aspirant spirituel une nécessité. Sa journée doit comporter une séance quotidienne de *japa* et de méditation, pratiquée à heure fixe et pendant une durée déterminée. Il faut prendre l'habitude de méditer quotidiennement à une heure régulière. Cette habitude nous guidera.

152. Celui qui a pris l'habitude de boire du thé chaque jour à une heure précise en a besoin à l'heure dite, sinon il est agité et se précipite pour avoir son thé. Ainsi, ceux qui pratiquent une discipline spirituelle régulière la suivront automatiquement à l'heure prévue.

L'humilité

153. Sous l'effet d'un cyclone des arbres immenses et des bâtiments entiers s'effondrent ; mais quelle que soit sa puissance, le cyclone ne peut pas nuire à un humble brin d'herbe. Telle est la grandeur de l'humilité.

154. L'humilité n'est pas un signe de faiblesse. Nous devrions avoir la noblesse de nous incliner devant un simple brin d'herbe. Si nous décidons de prendre un bain mais que nous ne sommes pas prêts à nous incliner devant la rivière (c'est-à-dire à aller sous la surface de l'eau) notre corps restera sale. Quand un *sadhak* refuse de se montrer humble, il fait obstacle à la destruction de son ignorance.

155. Les êtres humains ont l'arrogance de déclarer qu'ils peuvent réduire le monde en cendres en appuyant sur un bouton. Mais pour

ce faire, la main doit bouger. Nous ne pensons pas à la Puissance qui se cache derrière ce mouvement.

156. L'Homme affirme avoir conquis le monde. Nous ne sommes même pas capables de compter les grains de sable sous nos pieds ; ce menu fretin prétend cependant avoir conquis le monde !

157. Imaginez que quelqu'un se mette en colère contre vous sans aucune raison. En tant que *sadhak*, vous devriez réagir en faisant preuve d'humilité envers cette personne, conscient qu'il s'agit d'un jeu de Dieu pour vous mettre à l'épreuve. Si vous y parvenez, alors on peut affirmer que vous avez retiré les bienfaits de votre méditation.

158. Mes enfants, même quand un bûcheron coupe un arbre, celui-ci lui prodigue de l'ombre. Telle devrait être l'attitude du cher-

cheur spirituel : seul celui qui prie pour le bien des autres, même s'ils le font souffrir, mérite le qualificatif de spirituel.

Égoïsme et désir

159. Mes enfants, l'ego naît du désir et de l'intérêt personnel ; il n'existe pas naturellement, il est créé.

160. Imaginez que vous fassiez la quête. Vous espérez obtenir 200 Euros mais n'en recevez que 5 La colère s'empare de vous, au point que vous vous jetez sur l'homme qui a donné si peu et le rouez de coups. Il vous intente un procès. La colère est bien née de la frustration ressentie quand la somme convoitée vous a été refusée, n'est-ce pas ? Faut-il alors s'en prendre à Dieu quand le jugement est rendu et la sentence prononcée ? Nos attentes engendrent la colère, nos désirs font naître la souffrance. Voilà ce que l'on gagne à courir après les désirs.

161. Le vent de la grâce divine ne peut nous élever si nous transportons avec nous le poids des désirs et de l'ego ; il faut alléger ce fardeau.

162. Les arbres qui perdent leurs feuilles ont beaucoup de fleurs ; les autres arbres n'en ont que quelques-unes. Mes enfants, lorsque vous serez complètement libérés des tendances négatives telles que la jalousie, l'orgueil et l'égoïsme, vous obtiendrez la vision de Dieu.

163. Un *sadhak* ne devrait pas avoir en lui la moindre trace d'égoïsme. L'égoïsme est semblable aux vers qui mangent le pollen des fleurs. Si nous les laissons proliférer, ils s'attaqueront aux fruits qui ne seront alors plus bons à la consommation. De même, si nous permettons à l'égoïsme de se développer, il finira par détruire toutes nos bonnes qualités.

164. Mes enfants, il y a une grande différence entre les désirs d'un *sadhak* et ceux d'un

homme attaché au monde. Chez ce dernier, les désirs déferlent par vagues successives et le tourmentent ; il n'y a pas de fin à ses désirs. Le chercheur spirituel, lui, n'a qu'un seul désir ; une fois celui-ci satisfait, aucun désir ne subsiste plus en lui.

165. Même « l'égoïsme » d'un être spirituel bénéficie au monde. Deux enfants d'un village reçurent des graines d'un *sannyasi* (moine) qui passait par là. Le premier fit griller les siennes et les mangea pour apaiser sa faim. Il était attaché au monde. Le second les sema et quelque temps plus tard, il récolta de nouvelles graines qu'il distribua autour de lui. Mes enfants, même si les garçons ont tous deux fait preuve d'égoïsme au départ en acceptant les graines, l'égoïsme du second a bénéficié à de nombreuses personnes.

166. Il n'y a qu'un seul *atman* (Soi ou âme universelle). Il est omniprésent ; il pénètre

tout. En ouvrant notre esprit, nous pouvons nous fondre en Lui. Alors, l'égoïsme et l'ego disparaissent à jamais. Pour un être établi dans cet état de conscience suprême, tout est équivalent. Mes enfants, sans perdre un seul instant, servez autrui et aidez les pauvres. Servez le monde de manière désintéressée, sans rien attendre en échange.

167. Un petit égoïsme peut aider à se débarrasser d'un plus gros. L'inscription *Défense d'afficher* évite que le reste du mur ne soit recouvert d'affiches. Le désir égoïste de Dieu a un effet comparable.

La nourriture

168. Il est impossible de savourer le goût du cœur sans renoncer à celui de la langue.

169. On ne peut pas affirmer d'une façon générale qu'il faille manger ceci et pas cela. Les effets d'un même régime varient selon les conditions climatiques et des aliments à éviter ici (dans le sud de l'Inde) peuvent être utiles dans l'Himalaya.

170. Quand vous vous asseyez pour manger, vous devez prier Dieu avant de commencer votre repas. C'est pour cela que nous récitons alors un *mantra*. C'est au moment où nous avons une assiette pleine devant nous que nous pouvons mesurer l'ampleur de notre patience.

171. Un ascète n'a nul besoin de se mettre en quête de nourriture. L'araignée tisse sa toile et

y reste tapie. Elle ne part pas chasser sa nourriture car ses proies viennent d'elles-mêmes se
prendre dans sa toile. Ainsi, Dieu pourvoira
aux besoins d'un ascète, à condition que celui-
ci soit capable de s'abandonner totalement à
Lui.

172. L'alimentation a une grande influence sur
le caractère. Si nous consommons une nourriture éventée, notre léthargie *(tamas)* augmente.

173. Au début, le *sadhak* doit observer une
certaine discipline alimentaire. L'absence de
discipline au niveau du régime alimentaire
engendre de mauvaises tendances. Une fois les
graines semées, il faut empêcher les corbeaux
de venir les picorer ; mais quand l'arbre est
devenu adulte, les oiseaux peuvent s'y poser et
y construire leur nid. A partir de maintenant,
vous devez strictement contrôler votre alimentation et faire votre *sadhana* régulièrement. Plus

tard, vous pourrez manger de la nourriture épicée ou non-végétarienne sans en être affecté.
Mes enfants, même si Amma vous dit qu'un
jour vous pourrez manger ce que vous voudrez, il ne faudra pas agir ainsi. Vous devez
donner l'exemple au monde, et c'est en vous
observant que les autres apprendront. Même si
nous ne sommes pas malades, abstenons-nous
de consommer des produits épicés ou aigres
devant quelqu'un qui a la jaunisse. Pour aider
les autres à devenir bons, nous devons montrer
l'exemple de la maîtrise de soi.

174. On dit qu'il est facile d'arrêter de boire
du thé ou de cesser de fumer ; bien des gens en
sont pourtant incapables. Comment celui qui
ne maîtrise pas ces petites choses parviendrait-
il à contrôler le mental ? Qu'il commence par
surmonter ces obstacles triviaux. Celui qui ne
peut passer un ruisseau traversera-t-il jamais
l'océan ?

175. Au début, le *sadhak* doit éviter de consommer ce qui provient des magasins (restaurants). Par exemple, quand un vendeur prépare le thé, il n'a qu'une pensée en tête en prenant chaque ingrédient : faire le maximum de bénéfice. Il se dit : « Faut-il ajouter autant de lait ? Ne pourrait-on pas mettre moins de sucre ? » Il ne pense qu'à réduire les quantités pour gagner davantage. La vibration de ses pensées influence le *sadhak*.

Il était une fois un *sannyasi* (moine) qui n'était pas du tout intéressé par la lecture des journaux. Après avoir pris son repas chez quelqu'un, il ressentit pourtant un jour un désir intense de lire les nouvelles ; il se mit même à rêver de journaux. Il se renseigna et découvrit que le cuisinier de cette maison lisait le journal pendant qu'il préparait les repas. Au lieu de se concentrer sur la cuisine, il se passionnait pour la lecture du journal. Les vibrations de ses pensées avaient affecté le *sannyasi*.

176. Ne faites jamais d'excès alimentaires.
Réservez une moitié de l'estomac à la nourriture, un quart à l'eau et le dernier quart aux
mouvements de l'air. Moins vous mangerez,
mieux vous contrôlerez le mental. Ne dormez
pas, ne méditez pas juste après un repas ; si
vous le faites, le travail de digestion ne se fera
pas correctement.

177. L'amour pour Dieu a sur l'appétit le
même effet que la fièvre : le patient qui souffre
d'une forte fièvre n'a aucun goût pour la nourriture et même les mets sucrés lui paraissent
amers. Quand l'amour de Dieu s'éveille en
nous, notre appétit diminue spontanément.

Brahmacharya

La chasteté

178. Mes enfants, la nourriture épicée ou aigre est défavorable à la chasteté. Il ne faut pas non plus manger trop salé. Une quantité limitée de sucre est sans effet nocif. Il n'est pas bon de consommer du yaourt le soir. Si vous voulez boire du lait, mélangez-le à une quantité égale d'eau avant de le faire bouillir et n'en buvez qu'avec modération. Il faut aussi éviter de consommer trop d'huile car sinon, le corps contient plus de graisses, ce qui engendre une augmentation de la semence.

179. Il est préférable de ne pas manger souvent de mets raffinés. Le désir pour ce genre de plats augmente aussi les tentations du corps. Mieux vaut ne pas prendre de nourriture le matin et ne manger que peu le soir.

180. Ne vous tourmentez pas si vous avez des émissions nocturnes. Avez-vous observé comment on brûle la bouse de vache et on la mélange avec de l'eau pour fabriquer de la cendre sacrée ? Dans le récipient, on place une mèche de coton dont une extrémité dépasse. Ainsi l'excédent d'eau peut suinter par la mèche sans que l'essence ne se perde. C'est seulement quand il n'y a plus d'eau que l'on peut obtenir de la cendre sacrée. Toutefois, il faut prendre soin que les émissions ne se produisent pas pendant les rêves.

181. Mes enfants, quand vous sentez que l'émission est proche, levez-vous immédiatement et méditez ou répétez votre *mantra*. Le lendemain, que l'émission se soit ou non produite, observez un jeûne et consacrez-vous aux pratiques spirituelles. Il est bon de se baigner dans une rivière ou dans la mer.

182. Il existe des périodes de l'année (certains mois, certains jours) où l'atmosphère est complètement impure. C'est le cas de la mi-juillet à la mi-août. Une émission peut alors se produire même si l'on demeure vigilant.

183. L'énergie produite par la concentration mentale permet à la puissance résultant du *brahmacharya* de se transformer en *ojas* (énergie vitale subtile). Que celui qui vit dans le monde et observe la chasteté fasse une *sadhana*, sinon son énergie sexuelle ne sera pas sublimée.

Sadhak et sadhana

Le chercheur et les pratiques spirituelles

184. Mes enfants, nous ne devrions rien attendre de quoi que ce soit dans la création. Tel est le but de la *sadhana*.

185. Il n'existe pas de raccourci pour obtenir la vision de Dieu. Le sucre candi a un goût agréable, mais personne ne l'avale d'un coup car les aspérités lui déchireraient la gorge. Il faut le laisser fondre lentement avant de l'avaler. De la même façon, nous devons pratiquer notre *sadhana* avec patience et régularité.

186. Il ne sert à rien de répéter le Nom de Dieu ou de méditer si l'on n'éprouve pas d'amour pour Lui. Pourtant, ceux qui pensent qu'ils doivent attendre que cet amour se développe en eux avant de commencer une *sadhana* sont

des paresseux ; autant attendre que les vagues cessent avant d'aller se baigner dans l'océan.

187. Grâce à la *sadhana,* nous accumulons de l'énergie *(shakti)* et le corps reste en bonne santé. Nous pouvons alors agir en toutes circonstances sans être aussitôt épuisé.

188. Notre divinité bien-aimée nous conduira au seuil de la Réalisation. Pour venir à l'ashram, nous prenons un bus jusqu'au village de Vallikavou et ensuite, il est facile de faire le trajet à pied jusqu'à la jetée. Ainsi, la divinité nous amène à la porte d'*akhanda satchidananda,* (état d'Existence-Conscience-Béatitude non divisé).

189. Mes enfants, avant de pouvoir partir enseigner au monde, il faut d'abord en acquérir la force. Ceux qui s'apprêtent à partir pour l'Himalaya emportent des vêtements de laine pour se protéger du froid. Avant de retourner dans le monde, il faut affermir le mental pour

qu'il devienne inébranlable face à l'adversité. Ce n'est possible que grâce aux pratiques spirituelles.

190. Le véritable *satsang* est l'union du *jivatma* (soi individuel) et du *Paramatma* (Soi suprême).

191. Celui qui a une envie folle de dattes n'hésite pas à grimper au palmier même si celui-ci est infesté de guêpes. Ainsi, celui qui a conscience du but *(lakshya bodha)* surmontera toutes les difficultés.

192. Au début, il est bon pour le *sadhak* d'accomplir un pèlerinage. Les épreuves rencontrées pendant le voyage l'aideront à comprendre la nature du monde. Mais celui qui n'a pas acquis assez de force par la pratique d'une *sadhana* s'effondre quand il est confronté aux épreuves et aux tribulations de la vie. C'est pourquoi il est nécessaire de pratiquer une

sadhana en restant dans un même lieu, sans perdre de temps et sans l'interrompre.

193. Ce qui est demandé en premier lieu au *sadhak* est la perfection de l'*asana* (position assise). Ce n'est pas toujours facile à réaliser. Chaque jour, asseyez-vous et gardez la posture cinq minutes de plus que la veille. Ainsi vous pourrez progressivement la garder pendant deux ou trois heures d'affilée. Le reste suivra spontanément. Si vous acquérez cette sorte de patience, le reste viendra facilement.

Quand nous marchons, quand nous sommes assis ou quand nous prenons notre douche, nous devrions toujours imaginer que notre divinité bien-aimée marche près de nous et nous sourit. Imaginons la forme de notre divinité bien-aimée dans le ciel et prions.

194. Mes enfants, verser des larmes pour Dieu pendant cinq minutes équivaut à une heure de méditation. Quand nous pleurons, le mental

s'absorbe aisément dans le souvenir de Dieu. Si vous ne parvenez pas à pleurer, alors priez ainsi : « Mon Dieu, pourquoi suis-je incapable de pleurer pour Toi ? »

195. Un aspirant spirituel ne devrait pas pleurer pour les choses éphémères de ce monde, mais uniquement pour la Vérité. Nos larmes ne devraient couler que pour Dieu. Un chercheur spirituel ne devrait jamais faiblir. Il doit porter le fardeau du monde.

196. Nous pouvons exprimer nos sentiments de trois manières : par les mots, par les larmes et par le rire. Mes enfants, c'est seulement lorsque les impuretés du mental auront été lavées par des torrents de larmes versées pour Dieu que nous pourrons sourire d'un cœur ouvert. Alors seulement vous connaîtrez le vrai bonheur.

197. Les pratiques spirituelles sont d'une importance essentielle. Même si la graine contient la plante, il faut la cultiver de façon appropriée et lui donner de l'engrais pour qu'elle germe, fleurisse et porte des fruits. Bien que la Vérité demeure en tous les êtres, seule une *sadhana* peut lui permettre de resplendir.

198. Si l'on ne s'occupe pas correctement d'une jeune plante, elle dépérit. Il faut en prendre soin régulièrement. Une fois qu'elle est devenue une belle plante saine, même si on lui sectionne la tête, elle n'en meurt pas ; elle forme au contraire beaucoup de nouvelles pousses. Au début, quelle que soit la rigueur des règlements, le *sadhak* doit s'y conformer. C'est seulement ainsi qu'il peut progresser.

199. Il est bon pour un chercheur spirituel de visiter des bidonvilles, des hôpitaux , etc., au moins une fois par mois. Ces visites l'aideront

à comprendre la nature de la souffrance et lui apprendront la compassion.

200. Pour préparer du lait caillé, il faut laisser reposer le lait. C'est à cette condition que nous pourrons en faire du beurre. Au début de la *sadhana*, la solitude est nécessaire.

201. Une fois les graines semées, il faut veiller à ce que les poules ne viennent pas les picorer. Mais quand elles auront germé il n'y aura plus de danger. Au début un chercheur ne devrait pas trop se mêler aux gens. Ceux qui ont une vie de famille doivent être particulièrement attentifs à cet égard. Ne perdez pas de temps à bavarder avec les voisins. Dès que vous le pouvez, asseyez-vous seul, récitez votre *mantra*, chantez des *bhajans* ou méditez.

202. Dans les profondeurs de l'océan, il n'y a pas de vagues, elles n'apparaissent qu'à la surface. Au fond de l'océan, tout est calme.

Ceux qui ont atteint la perfection sont paisibles. Seuls ceux qui ont acquis quelques connaissances superficielles, ayant lu deux ou trois livres sur la spiritualité, font beaucoup de tapage.

203. Il est impossible de supprimer les vagues de la mer ; de même, les pensées ne peuvent être éliminées du mental par la force. Quand le mental est devenu vaste et profond, les vagues de pensées s'apaisent naturellement.

204. Mes enfants, le réel et l'irréel sont tous deux contenus dans la graine. Quand on la plante, son enveloppe s'ouvre et s'unit à la terre. L'essence de la graine peut alors germer et croître. Ainsi, le réel et l'irréel demeurent en nous. Si nous nous en tenons au réel, rien ne pourra nous troubler et notre champ de conscience s'élargira. Mais si nous prenons appui sur l'irréel, il nous sera impossible de grandir.

205. Celui qui connaît la Vérité est riche du monde entier. Il ne peut y voir autre chose que lui-même.

206. Nos actions révèlent notre valeur. Personne ne respecte un voleur, même s'il s'agit d'un homme bien éduqué, jouissant d'un bon emploi. C'est aux actes d'un *sadhak* que l'on peut mesurer ses progrès.

207. N'avez-vous jamais vu des soldats ou des policiers se tenir debouts, tels des statues, sous une pluie torrentielle ou sous un soleil de plomb ? En toutes circonstances, qu'il soit debout, assis ou couché, le sadhak doit rester parfaitement immobile, sans faire de mouvements superflus avec les mains, les jambes ou le corps. Pour cela il est utile d'imaginer que le corps est mort. A la longue, cela deviendra une habitude.

208. Celui qui veut atteindre le large en barque rame vigoureusement, avec une concentration totale. Sur la rive, les gens lui font de grands signes et poussent des cris pour l'encourager. Mais le rameur n'y prête aucune attention. Son unique pensée est de faire passer le bateau au-delà de la barre des vagues. Il sait qu'il n'y aura ensuite plus rien à craindre et qu'il pourra même se reposer quelques minutes s'il le veut.

Vous aussi, vous êtes actuellement au milieu des vagues, essayant de passer la barre. Ne vous laissez pas distraire par quoi que ce soit, avancez avec une grande vigilance, en gardant les yeux fixés sur le but. C'est uniquement ainsi que vous arriverez à destination.

209. Un chercheur spirituel doit être très prudent vis-à-vis de l'autre sexe. Lorsqu'on est pris dans un tourbillon, on ne s'aperçoit du danger qu'après avoir été emporté et plaqué au sol.

210. Mes enfants, l'eau est incolore, mais un lac ou un étang reflètent la couleur du ciel. De la même façon, c'est à cause de nos mauvaises tendances que nous voyons le mal en autrui. Essayez de ne voir que le bon côté de chacun.

211. Un *sadhak* ne devrait pas se rendre aux mariages ou aux enterrements. Dans le premier cas tout le monde, jeune ou vieux, a l'esprit fixé sur le mariage. Dans le second, les gens pleurent la disparition d'un être qui était de toute façon mortel. Dans les deux cas, les vagues de pensées présentes lors de ces cérémonies sont nuisibles au chercheur spirituel : elles pénètrent dans son subconscient et l'agitent en lui faisant penser à des choses irréelles *(mithya).*

212. Un être spirituel doit être comme le vent. Le vent souffle aussi bien sur les fleurs odorantes que sur les excréments nauséabonds ; il n'a pas de préjugés. Le *sadhak,* lui aussi, ne

doit pas s'attacher à ceux qui lui manifestent de l'affection ni ressentir d'aversion envers ceux qui l'insultent. Tous sont égaux à ses yeux. Il voit Dieu en tout.

213. Il est déconseillé de dormir pendant la journée car vous vous sentirez épuisé au moment du réveil. C'est que l'atmosphère est remplie de pensées impures pendant la journée et bien moins polluée pendant la nuit. Quand nous nous réveillons le matin après une bonne nuit de sommeil, nous sommes pleins d'énergie. C'est pourquoi mieux vaut pour les *sadhaks* méditer la nuit. Cinq heures de méditation nocturne valent dix heures de méditation diurne.

214. Mes enfants, quelles que soient vos souffrances, regardez la nature et imaginez la forme de votre divinité bien-aimée *(Ishta devata)* dans les arbres, les montagnes, dans ce qui vous entoure. Confiez-vous à ces éléments de la

nature. Ou bien imaginez que votre divinité d'élection est là, devant vous, dans le ciel, et parlez-lui. À quoi bon raconter vos chagrins aux autres ?

215. Si quelqu'un parle près de nous, sa conversation crée une aura particulière qui nous enveloppe. Une mauvaise compagnie engendre une aura négative, provoquant une augmentation des pensées impures. C'est pourquoi on dit que le *satsang* est nécessaire.

216. Là où d'autres ne voient qu'un morceau de bois ou une pierre, le sculpteur distingue l'œuvre d'art que son ciseau fera naître. Le chercheur devrait être capable de percevoir l'éternel en toute chose. Discernons entre ce qui est éternel et ce qui ne l'est pas et vivons avec prudence. Ne nous attachons qu'à l'éternel. Mes enfants, Dieu seul est la Vérité éternelle. Tout le reste est illusoire et non-existant.

Les choses de ce monde sont éphémères. Dieu seul est éternel.

217. Mes enfants, nous ne sommes pas troublés par la nudité d'un enfant. Regardez tous les êtres avec la même attitude mentale. Tout dépend de notre état d'esprit.

218. Au début, le *sadhak* se doit d'être prudent et rigoureux. Les moments les plus propices à la méditation sont le matin jusqu'à onze heures et le soir après cinq heures. Juste après la méditation, il est conseillé de s'allonger sur le dos en *shavasana* (posture du cadavre) pendant au moins dix bonnes minutes. Même si nous ne méditions qu'une heure, nous devrions observer ensuite au moins une demi-heure de silence. Seuls ceux qui procèdent ainsi retireront le plein bénéfice de la méditation.

219. Il faut un certain temps avant qu'une piqûre fasse effet. De même, après les pra-

tiques spirituelles, nous avons besoin d'un temps de silence. Si après deux heures passées en méditation, nous parlons aussitôt d'une voix tonitruante ou nous entretenons de choses futiles, même des années de pratique ne nous serviront à rien.

220. Si quelqu'un parle inutilement et vous fait perdre votre temps, essayez de pratiquer le *japa* et de méditer sur votre divinité bien-aimée. Ou bien imaginez que la personne qui vous parle est elle-même cette divinité. Vous pouvez encore dessiner un triangle sur le sol et visualiser votre divinité debout au centre. Prenez des cailloux, imaginez que ce sont des fleurs et offrez-les aux pieds de votre divinité bien-aimée. Il ne faut discuter que de sujets spirituels. Ceux qui apprécient la spiritualité resteront tandis que les autres s'en iront rapide-ment et ainsi, nous ne perdrons pas de temps.

221. Mes enfants, le souffle même d'un *sadhak* suffit à purifier l'atmosphère ; telle est sa puissance. Il ne fait aucun doute que tôt ou tard, la science reconnaîtra cette vérité. Les gens finiront alors par y croire.

222. Les êtres humains ne sont pas les seuls à avoir la faculté de parler. Les animaux, les oiseaux et les plantes la possèdent eux aussi. Il nous manque seulement la faculté de les comprendre. Seul celui qui a eu la vision du Soi a la clé de cette connaissance.

223. L'eau stagne dans les fossés et dans les mares. Les bacilles et les insectes aiment s'y reproduire, provoquant ainsi de nombreuses maladies. Le remède consiste à assurer un écoulement de l'eau en lui permettant d'aller rejoindre une rivière. Ainsi, les gens d'aujourd'hui vivent dans le monde de l'ego, du « moi » et du « mien ». Leurs pensées impures engendrent beaucoup de souffrance. Notre

but est d'élargir leur esprit étroit et de les guider vers l'être suprême. Pour atteindre ce but, chacun de nous doit être prêt à faire des sacrifices. Mais seul le pouvoir acquis grâce aux pratiques spirituelles peut nous permettre de guider les autres.

224. L'équanimité, c'est le *yoga* (l'union avec Dieu). Une fois que nous avons atteint l'équanimité, nous ressentirons un flot ininterrompu de grâce. Alors les pratiques spirituelles ne seront plus nécessaires.

Le chercheur spirituel
et sa famille

225. Mes enfants, s'il n'y a personne pour s'occuper des parents, cette responsabilité revient à leur enfant, même si celui-ci a choisi la voie spirituelle. Il doit voir en ses parents son propre Soi et les servir en conséquence.

226. Si vos parents cherchent à faire obstacle à votre vie spirituelle, il n'est pas nécessaire de leur obéir.

227. Faut-il s'engager sur une voie spirituelle contre l'avis de ses parents ? Imaginez un fils qui souhaiterait étudier la médecine loin de chez lui. Si ses parents s'y opposent et qu'il décide de leur désobéir, quand il aura terminé ses études et sera devenu médecin, il pourra sauver la vie de milliers de personnes y compris celle de ses parents. Sa désobéissance sera un

bienfait pour le monde. Il n'y a aucun mal à cela. S'il avait suivi leurs conseils, il aurait pu prendre soin d'eux mais non les sauver.

Seul le chercheur spirituel a la capacité d'aimer et de servir le monde d'une manière désintéressée et de sauver autrui. Shankaracharya, Ramana Maharshi[1] ne sont-ils pas tous deux venus au secours de leur mère pour la sauver de la mort en lui accordant la libération ?

228. Une fois que l'on a choisi la voie spirituelle, on doit abandonner tout attachement à la famille et aux proches, sinon il n'y a pas

---

[1] Ces deux grands saints quittèrent très jeunes le foyer de leurs parents, mais revinrent leur apporter le salut. Après de longues années de séparation, Shankaracharya vint au chevet de sa mère mourante et la bénit en lui accordant la vision de Dieu. Et une fois que la période de sadhana de Ramana Maharshi fut achevée et que le sage eut un lieu d'habitation décent, il invita sa mère à le rejoindre. Elle vécut à Tiruvanamalai auprès de son fils jusqu'à sa mort. A ce moment là, il lui accorda sa grâce et elle se fondit en Dieu.

de progrès possible. Si un bateau est à l'ancre, vous aurez beau ramer autant que vous voudrez, cela ne le fera pas avancer. Vous avez consacré votre vie à Dieu. Ayez la ferme conviction qu'Il veillera sur votre famille.

229. Mes enfants, qui est notre vraie mère, notre vrai père ? S'agit-il de nos géniteurs ? Certainement pas. Ils ne sont que nos parents adoptifs. Le véritable père ou la véritable mère est capable de rendre la vie à l'enfant qui se meurt. Dieu seul le peut. Ne l'oubliez jamais.

230. Les jeunes plantes qui poussent à l'ombre d'un grand arbre peuvent croître sans difficulté pendant quelque temps, mais quand l'arbre perd ses feuilles, les choses tournent mal pour elles : elles se dessèchent au soleil. Tel est le sort de celui qui grandit dans l'ombre de ses proches.

Aux chefs de famille

231. De nos jours, la dévotion et l'amour que nous éprouvons pour Dieu ressemblent beaucoup à l'amour qu'on porte à ses voisins : si ceux-ci ne se plient pas à nos désirs, nous nous disputons avec eux. Nous avons le même comportement envers Dieu. S'Il ne satisfait pas nos demandes dérisoires, bien vite, nous cessons de prier et de pratiquer le *japa*.

232. Songez au mal que nous nous donnons pour gagner un procès ! Pour un billet de cinéma, nous voilà prêts à faire une longue queue. Notre désir de voir le film est si intense que nous acceptons sans sourciller les coups de coudes et la bousculade. Nous endurons volontiers ces épreuves pour un peu de bonheur extérieur. Si nous faisions de tels sacrifices pour la vie spirituelle, cela suffirait à nous procurer la béatitude éternelle.

233. Prenons l'exemple d'un petit enfant qui vient de se couper la main. Si nous lui disons : « Tu n'es ni le corps, ni l'esprit, ni l'intellect », il ne comprendra pas et continuera à pleurer. Ainsi, il ne sert à rien de dire à celui qui est tourné vers les plaisirs du monde : « Tu n'es pas le corps, tu es la Réalité suprême *(Brahman)*. Le monde est irréel, éphémère *(mithya)*. » Même si ce genre de discours peut parfois l'aider à changer, mieux vaut lui donner des conseils pratiques, qu'il peut mettre à profit dans sa vie quotidienne.

234. Mes enfants, la plupart de ceux qui s'enthousiasment soudain pour la spiritualité après avoir entendu un discours spirituel ne persévèrent pas une fois l'inspiration retombée. On peut appuyer autant qu'on veut sur un ressort, dès qu'on le relâche, il reprend aussitôt sa forme initiale.

235. De nos jours, plus personne ne semble avoir le temps d'aller dans les temples, dans les ashrams, ou de faire une *sadhana* ; mais si notre enfant est malade, nous passerons le temps qu'il faudra, sans dormir, dans la salle d'attente de l'hôpital. Pour un mètre carré de terrain, nous sommes prêts à faire la queue des journées entières devant le tribunal, au soleil ou sous la pluie, sans penser une seconde à notre femme ou à nos enfants. Nous trouvons le temps d'attendre des heures dans un magasin bondé pour acheter une aiguille à cinq centimes, mais nous n'avons pas le temps de prier Dieu. Mes enfants, celui qui aime vraiment Dieu trouve toujours le temps de faire sa *sadhana*.

236. Qui peut prétendre ne pas avoir le temps de faire du *japa* ? Vous pouvez réciter un *mantra* à chaque pas quand vous marchez. Quand vous voyagez en bus, visualisez votre divinité bien-

aimée dans le ciel, ou bien répétez votre *mantra* en fermant les yeux. Ainsi, votre mental ne se laissera pas prendre au spectacle distrayant qui défile derrière la fenêtre et vous ne perdrez pas de temps. Vous pouvez aussi faire du *japa* en exécutant les travaux ménagers. Celui qui est déterminé trouve toujours le temps de faire ses pratiques spirituelles.

237. Contre l'insomnie, il existe des pilules. Pour oublier nos chagrins et nos maux, nous avons sous la main des substances toxiques comme l'alcool ou la marijuana, ou encore des distractions comme le cinéma. De nos jours, la plupart des gens préfèrent user de ces expédients plutôt que de chercher Dieu. Mais ils ne se rendent pas compte que ces substances nocives les détruisent. Leur consommation diminue les fluides du cerveau et c'est cela qui nous donne une sensation d'ébriété. Si nous en prenons régulièrement, les nerfs du corps

se contractent par suite de déshydratation. Au bout de quelque temps, nous souffrirons de fatigue et de tremblements et nous ne pourrons même plus marcher. Perdant sa vitalité et son intelligence, l'individu dégénère et ses enfants seront sujets aux mêmes maladies.

238. Mes enfants, ce n'est pas la pièce où vous vous tenez qu'il faut climatiser, c'est le mental. Certaines personnes se suicident bien que leur maison soit dotée de l'air conditionné. En viendraient-elles à de telles extrêmités si le confort et le luxe pouvaient les rendre heureuses ? Le véritable bonheur ne provient pas de choses extérieures, il ne se trouve qu'à l'intérieur.

239. Quand on donne un os à un chien, il le mâchonne. Si le sang coule, le chien pense que ce sang provient de l'os ; il ne se rend pas compte qu'en fait, ce sont ses propres gencives qui saignent. De même, nous recherchons le

bonheur dans les choses extérieures, oubliant qu'il réside à l'intérieur de nous.

240. Il ne nous viendrait pas à l'idée de couper les branches d'un arbre qui donne des fruits à profusion pour construire une palissade ; nous choisirons plutôt un arbre mort. Si nous comprenions la valeur de la vie, nous ne la gaspillerions pas en quête de plaisirs extérieurs.

241. Il n'y a pas de moment idéal pour qu'un chef de famille se tourne vers la vie spirituelle. Dès qu'il en ressent le besoin, qu'il commence. Il est vain de vouloir s'y contraindre ; le renoncement naît de lui-même. Une fois l'œuf couvé, inutile de taper dessus : il s'ouvrira tout seul. S'il possède le détachement nécessaire, un chef de famille peut embrasser une vie de renoncement, à condition que sa femme et ses enfants aient de quoi vivre confortablement. Mais il ne devrait plus ensuite entretenir de pensées relatives à son foyer.

242. Jadis, on enseignait aux enfants la différence entre ce qui est permanent et ce qui ne l'est pas. On leur apprenait que le but de la vie est la réalisation de Dieu. Les enfants recevaient une éducation qui leur permettait de se connaître. De nos jours, les parents encouragent leurs enfants uniquement à gagner de l'argent. Le résultat, c'est que l'enfant ne connaît pas ses parents et réciproquement. L'inimitié et les conflits règnent entre eux. Il arrive même qu'ils s'entretuent pour des questions d'intérêt.

243. Mes enfants, Il est impossible de réaliser Dieu sans *sadhana*, mais bien peu de gens sont prêts à s'y consacrer de tout cœur. Dans les usines, les ouvriers des équipes de nuit sacrifient leur sommeil pour travailler. Même quand ils sont fatigués, ils ne peuvent se permettre d'être négligents. Un moment d'inattention, et ils risquent de perdre une main ou une jambe et de se retrouver sans travail. Dans la vie

spirituelle aussi, nous avons besoin de cette vigilance et de ce détachement.

244. Au crépuscule, les jeunes enfants s'inquiètent
parfois de voir le soleil disparaître et à l'aube, ils se réjouissent de son retour. Ils ignorent le mécanisme qui régit ces phénomènes. Ainsi, gains et pertes engendrent chez nous la joie et la peine.

245. Observez un homme dans une barque minuscule en train de diriger des canards sur la lagune. Le bateau est si petit qu'il peut à peine s'y tenir debout confortablement et s'il met le pied au mauvais endroit, sa frêle embarcation risque de chavirer. Il suffit qu'il respire trop fort pour qu'elle se retourne, tant elle est petite. Quand les canards s'éloignent trop, l'homme frappe l'eau à grand bruit avec sa rame pour les guider. Si de l'eau rentre dans la barque, il écope avec les pieds. De temps à autre on le

verra fumer ou échanger quelques mots avec les badauds sur la rive. Au beau milieu de ces activités, son esprit reste toujours fixé sur la rame. S'il relâchait son attention un seul instant, le bateau se renverserait et il tomberait à l'eau. Mes enfants, nous devrions vivre ainsi dans le monde, gardant toujours l'esprit fixé sur Dieu quelle que soit notre tâche.

246. Le danseur folklorique qui exécute une danse en portant un pot sur la tête accomplit des prouesses : il danse et se roule par terre, mais le pot ne glisse jamais. Son esprit reste toujours fixé sur le pot. De même, grâce à une pratique régulière, il est possible de garder l'esprit concentré sur Dieu quoi que l'on fasse.

247. Priez Dieu en pleurant dans la solitude. Si quelqu'un se blesse, son esprit est obsédé par la blessure. Ainsi, nous sommes affectés par *bhava roga*, la maladie de la transmigration, c'est-à-dire le cycle des naissances, des morts et

des renaissances. Nous devrions mettre toute notre ardeur à essayer de guérir de cette maladie ; alors nos prières seront sincères. Notre cœur fondra d'amour pour Dieu.

248. Brahma, Vishnou et Shiva créent, nourrissent et détruisent respectivement les désirs. L'Homme crée et nourrit ses désirs mais il ne les détruit pas. Mes enfants, voilà ce qu'il faut faire : mettre fin au désir.

249. Les administrateurs qui travaillent dans les bureaux et dans les banques manipulent des millions mais ils savent que l'argent ne leur appartient pas. Ils n'y pensent donc pas. Les clients ne sont pas des membres de leur famille et leurs aimables marques d'attention sont dues à l'intérêt. Comme les gestionnaires en sont conscients, ils ne se soucient pas de l'attitude des clients à leur égard. Nous devrions cultiver le même détachement. Si nous comprenons

que rien ni personne au monde ne nous appartient, nous vivrons enfin en paix.

250. La conscience du but engendre la concentration. Seule la concentration nous permet de progresser.

251. Le noyau de la mangue est amer mais s'il est bien préparé, il peut entrer dans la composition de mets délicieux. Cela demande des efforts. Le *Shrimad Bhagavatam* (livre sacré relatant la vie, les actions et l'enseignement de Shri Krishna) est destiné aux chercheurs. Si nous le lisons avec attention, nous y trouverons énoncés tous les grands principes spirituels. Ceux dont l'esprit n'est pas enclin à la recherche n'y verront que des histoires. Il n'est pas bon de lire le *Bhagavatam* à haute voix pour gagner de l'argent ; mais si un chef de famille n'arrive pas à joindre les deux bouts et a recours à ce moyen, alors ce n'est pas condamnable.

252. Si vous voulez vivre confortablement dans un endroit rempli de détritus en décomposition, il vous faut nettoyer les lieux, brûler les déchets, etc. Pourriez-vous pratiquer le *japa* et la méditation au milieu de toutes ces ordures ? L'odeur nauséabonde des ordures engendrerait de l'agitation dans votre esprit. Les *homas* (rituels utilisant le feu sacrificiel) et les *yagnas* (sacrifices) ont été conçus pour purifier l'atmosphère. Dieu n'a pas besoin de ces cérémonies.

253. Certaines gens n'hésitent pas à commettre un meurtre ou à dépenser d'énormes sommes d'argent à des fins politiques ; des millions ont été dépensés pour rapporter une poignée de pierres de la lune. Mais pour organiser des *homas* et des *yagnas*, l'argent manque, alors que leur coût est bien moins élevé et qu'ils apportent de grands bienfaits à la société. Chacun est libre de ne pas accomplir ces rituels, mais il est absurde de les condamner

sans même en comprendre les bienfaits. C'est de l'aveuglement.

254. Mes enfants, la vie dans le monde et la vie spirituelle peuvent être menées de pair. Mais n'ou-bliez pas : il faut être capable d'agir sans attachement et sans rien attendre. L'attitude qui consiste à penser : « Je fais ceci ou cela, je dois donc en récolter les fruits » engendre la douleur. Ne pensez jamais : « C'est *ma* femme, c'est *mon* enfant. » Si nous sommes conscients que toute chose appartient à Dieu, alors il n'y a pas d'attachement. À l'heure de notre mort, ni femme ni enfant ne nous accompagne. Dieu seul est éternel.

255. Quelle que soit la fortune que nous possédons, si nous ne comprenons pas la juste valeur et l'usage qu'il convient d'en faire, nous ne récolterons que la souffrance. Mes enfants, même une fortune abondante ne nous apporte que des joies éphémères.

Elle ne peut pas nous procurer le bonheur éternel. Les rois Kamsa et Hiranyakashipou ne possédaient-ils pas d'immenses richesses ? Quant à Ravana, qui pouvait jouir de tous les plaisirs imaginables, connaissait-il la paix ? Tous dévièrent du chemin de la Vérité et sombrèrent dans l'arrogance. Ils commirent de nombreux actes répréhensibles et interdits. En conséquence, ils perdirent toute quiétude et toute paix intérieure.

256. Amma ne dit pas que l'on doit se défaire de sa fortune. Si nous comprenons comment l'utiliser à bon escient, nous possèderons le bonheur et la paix. Mes enfants, pour ceux qui se sont entièrement abandonnés à Dieu, les richesses sont pareilles à du riz cuit auquel on a mélangé du sable.

Comment se libérer
de la souffrance

257. Le fruit de toute mauvaise action peut être contrebalancé par un acte meilleur. Quand on jette une pierre en l'air, on peut la rattraper au vol. Ainsi la conséquence d'une action peut être modifiée. C'est pourquoi il est inutile de vous affliger et de vous appesantir sur votre sort ; Dieu peut transformer votre destinée au gré de Sa volonté. Même si un horoscope indique une très forte probabilité de mariage, cela peut changer si la personne pratique une *sadhana* dès son jeune âge et recherche la compagnie des sages *(satsang)*. Les épopées (par exemple le Ramayana et le Mahabharata) nous en fournissent des exemples.

258. Le voyageur qui descend un cours d'eau en bateau ne se torture pas l'esprit à rechercher son origine. Nous avons peut-être commis

des erreurs dans le passé mais il est inutile d'y penser et de s'en soucier aujourd'hui. Mieux vaut s'efforcer de construire le futur. C'est cela qui est important.

259. Mes enfants, ne pensez jamais : « Je suis un pécheur. Je ne suis capable de rien ». Aussi pourrie que soit une pomme de terre, si une petite partie de la racine est encore saine, le germe pourra en sortir et pousser. Ainsi, s'il y a en nous la moindre trace de *samskara* (disposition, affinité) spirituel, nous pouvons progresser en nous y accrochant fermement.

260. Nous avons toujours cru que le corps était d'une importance suprême et durable. Cette croyance a entraîné beaucoup de souffrance. Pensons désormais le contraire : c'est l'*atman* (le Soi ou l'Âme) qui est éternel et qu'il s'agit de réaliser. Si cette pensée est profondément ancrée en nous, nos chagrins s'envoleront pour laisser place à la béatitude.

261. Pour celui qui porte un fardeau pesant, la simple idée que le lieu de la halte est proche constitue un réconfort, car il sait qu'il pourra bientôt le poser. Si en revanche il croit que le chemin est encore long, sa charge lui paraîtra plus lourde. Ainsi, la pensée que Dieu est proche de nous allège notre fardeau.

Une fois que vous êtes montés sur un bateau ou dans un bus, pourquoi ne pas poser vos bagages ? Posez-les ! Dédiez votre vie à Dieu ; Il vous protégera.

262. Quel que soit le lieu où ils se trouvent, les gens le critiquent. En conséquence, leur mental est agité. Cette habitude doit changer. Oublions les imperfections de l'endroit où nous sommes, essayons de découvrir ce qui s'y trouve d'utile et de respecter cela. Voilà ce qui est nécessaire. Ne voyez que le bien partout et en tout ; alors vos souffrances prendront fin.

263. Supposons que nous tombions dans un trou. Allons-nous nous arracher les yeux sous prétexte qu'ils nous ont mal guidés ? De même que nous supportons la déficience de notre vision, nous devons tolérer les faiblesses des autres et faire preuve de compassion envers eux.

Vasanas

Tendances latentes

264. Si une seule fourmi rentre dans le bocal de sucre, il faut l'enlever ; sinon d'autres fourmis suivront. Une simple petite trace d'égoïsme ouvre la porte à bien d'autres *vasanas*.

265. Épuiser les *vasanas* et détruire le mental (l'ego) ne sont qu'une seule et même chose. C'est en soi la Libération.

266. La première *vasana* de toute âme individuelle *(jiva)* provient de Dieu et c'est ainsi que commence le *karma*. Le *karma* engendre une nouvelle naissance. La roue du *samsara* (cycle des naissances et des morts) continue de tourner. Nous n'y échapperons qu'en épuisant les *vasanas*. Les activités spirituelles comme le *satsang*, les *bhajans* et la méditation sont utiles pour y parvenir.

267. Les *vasanas* persistent jusqu'à la Libération. C'est uniquement dans l'état de *jivanmukti* (un être libéré mais vivant dans un corps physique) qu'elles disparaissent complètement. Tant que nous ne l'avons pas atteint, nous devons faire preuve du plus grand discernement car une chute est toujours possible. Ceux qui conduisent un véhicule sur une route à grande circulation doivent faire très attention car un seul instant de distraction peut leur coûter la vie. Tandis que dans un espace ouvert, il n'y a rien à craindre ; le conducteur est seul avec son véhicule. Au début du voyage spirituel, tout est dangereux et la plus grande vigilance est nécessaire. Dans l'état de *jivanmukti*, seul demeure l'Un ; le sens de la dualité disparaît et il n'y a donc plus de danger.

268. Les *vasanas* d'un *jivanmukta* ne sont pas vraiment des *vasanas*. Sa colère, par exemple, n'est qu'une apparence. À l'intérieur, rien

n'entache sa pureté. La chaux vive donne l'impression d'avoir une forme mais si on la touche, elle se désagrège.

269. Mes enfants, seul un maître spirituel peut faire disparaître complètement nos *vasanas*. Pour se passer de Lui, il faut naître avec un *samskara* spirituel puissant. Le chacal a beau penser : « Désormais lorsque je verrai un chien, je ne hurlerai pas », dès qu'il en voit passer un, il se remet à hurler. Il en va de même avec les *vasanas*.

270. Il n'est pas facile de mettre un terme au flot des pensées ; c'est un stade de développement avancé. En accroissant le nombre de pensées pures, nous pouvons détruire les mauvaises.

271. Les mauvaises *vasanas* ne disparaissent pas. Mais il est possible de les éliminer progressivement en cultivant de bonnes pensées. L'eau

salée contenue dans un récipient perd peu à peu son goût salé si on y ajoute constamment de l'eau pure.

Siddhis

Pouvoirs psychiques

272. Mes enfants, au-delà d'une certaine limite, il est contre nature d'exhiber des *siddhis*. Quand on les manifeste, les gens se laissent séduire. Les êtres réalisés évitent autant que possible de montrer leurs pouvoirs ; même s'ils le font, cela ne diminue en rien leur puissance. Lorsque la force nécessaire pour provoquer un phénomène surnaturel est utilisée à transformer un homme ordinaire en *sannyasi*, elle bénéficie au monde entier. Un chercheur qui se laisse fasciner par les *siddhis* finira par s'éloigner de son but.

273. En général, les *mahatmas* ne montrent pas leur *siddhis*. Ils ne les révèlent que dans des occasions exceptionnelles. Dans des circonstances particulières, leurs *siddhis* se manifestent spontanément ; ils ne servent pas à distraire les

badauds. Ne recherchez pas les *siddhis*, ils sont impermanents. Une incarnation divine vient pour éliminer les désirs, non pour en créer.

Samadhi

274. Mes enfants, le *sahaja samadhi* (état de celui qui est établi naturellement dans le Soi) est la Perfection. L'âme établie dans cet état voit le Principe divin en toute chose. Elle ne perçoit partout que la pure Conscience, sans la moindre trace de *maya* (illusion). Comme un sculpteur ne voit dans la pierre que l'image qu'il peut y ciseler, un *mahatma* ne perçoit en toutes choses que le Principe divin omniprésent.

275. Imaginez qu'il y ait en chacun de nous une balle en caoutchouc et un anneau. La balle qui rebondit sans cesse est notre mental et l'anneau est notre but. Parfois la balle s'immobilise, prise dans l'anneau ; c'est ce qu'on appelle *samadhi*. Mais la balle n'y reste pas longtemps, elle recommence à bondir comme avant ; jusqu'au moment où elle y reste

en permanence et où tout mouvement cesse. On appelle cet état le *sahaja samadhi*.

276. En méditant sur une forme, nous pouvons atteindre *savikalpa samadhi* (perception du Réel tout en conservant le sens de la dualité). Quand nous voyons la forme de notre divinité bien-aimée, le sens du « moi » est présent ; il y a donc dualité. Dans la méditation sans forme, comme il n'y a pas trace de « moi », la notion de dualité disparaît tout à fait. C'est ainsi que l'on parvient à l'état de *nirvikalpa samadhi*.

277. Dans l'état de *nirvikalpa samadhi*, il n'y a plus personne pour dire : « je suis Brahman ». L'individu s'est dissout. Si un être humain ordinaire atteint l'état de *nirvikalpa samadhi*, il lui sera impossible de revenir. Au moment où il s'absorbe dans l'état de *samadhi*, comme il n'a pas fait le *sankalpa* (résolution) de revenir, il quitte aussitôt son corps. Quand on fait sauter le bouchon d'une bouteille de soda, le

gaz qu'elle contient s'échappe avec un grand bruit et se dissout dans l'air extérieur. Ainsi, cet être s'unit à Brahman pour toujours. Seuls les *avatars* (incarnations divines) sont capables de garder leur corps après avoir atteint le *nirvikalpa samadhi*. Elles connaissent le but de leur incarnation et, fidèles à leur résolution, elles reviennent inlassablement dans le monde.

278. Mes enfants, les incarnations divines ne distinguent pas entre le *nirvikalpa samadhi* et d'autres états inférieurs ou supérieurs. Elles n'ont que quelques limitations, qu'elles se sont elles-mêmes imposées afin d'accomplir le dessein de leur incarnation.

279. Même en *nirvikalpa samadhi,* le *sadhak* (chercheur spirituel) qui a atteint cet état grâce à une *sadhana* ne sera pas l'égal d'une incarnation. Il y a entre eux la même différence qu'entre un homme ayant visité Bombay et celui qui y demeure en permanence. Si on leur

demande s'ils sont déjà allés à Bombay, tous deux répondront *oui*, mais celui qui y vit en aura une connaissance bien plus approfondie que l'autre.

280. Savez-vous à quoi ressemble le *samadhi* ? La béatitude ! Rien que la béatitude. Ni bonheur, ni malheur, ni « moi », ni « toi ». On peut comparer cet état au sommeil profond, mais il y a une différence. Dans le *samadhi,* la conscience est totale. Il n'y a aucune conscience dans le sommeil profond et là aussi, il n'y a ni « moi », ni « toi ». C'est au réveil que « moi », « toi » et le monde émergent. Nous leur attribuons une réalité à cause de notre ignorance.

281. Il est impossible de décrire l'expérience de Brahman. C'est une expérience purement subjective. Si Amma vous frappe, pourrez-vous exprimer l'ampleur de votre souffrance ? Même les expériences liées à ce monde sont difficiles à exprimer par des mots. Si vous avez

mal à la tête, pouvez-vous décrire exactement l'ampleur de votre souffrance ? Si cela est impossible, comment les mots pourraient-ils exprimer l'expérience de Brahman ?

La création

282. Mes enfants, la résolution primordiale provoqua l'éveil d'une vibration en Brahman. De cette vibration émergèrent les trois *gunas*, *sattva* (la bonté, la pureté), *raja*s (l'activité, la passion) et *tamas* (les ténèbres, l'inertie, l'ignorance). On les représente par la Trinité, Brahma, Vishnou et Maheshvara (Shiva). Tout cela est en chacun de nous. Ce que nous percevons comme existant dans l'univers existe en vérité à l'intérieur de nous.

283. D'un point de vue relatif, l'*atman* est à la fois *jivatma* (l'âme individuelle) et *Paramatma* (le Soi suprême). Le *jivatma* récolte le fruit de l'action *(karma)*. Le *Paramatma* est la conscience-témoin. Elle n'accomplit aucune action ; elle ne fait rien ; elle reste inactive.

284. Dieu existe tant que nous sommes plongés dans l'illusion (*maya*). Quand nous transcendons *maya* par des pratiques spirituelles assidues, nous atteignons l'état de Brahman, dans lequel n'existe plus la moindre trace de *maya*.

285. Mes enfants, *mithya* ne signifie pas « nonexistant », mais « toujours changeant ». Il y a par exemple d'abord les haricots, puis les galettes de haricots épicées et frites dans l'huile (*vada*). La forme change, mais la substance demeure.

286. Les ordures qui souillent la côte nous empêchent-elles d'apprécier la beauté de la mer ? L'esprit ne se fixe pas sur les détritus. De même, lorsque le mental est concentré sur Dieu, il n'est pas pris au filet de *maya*.

287. Nous considérons peut-être une aiguille comme un objet insignifiant, tant son prix est

bas ; mais c'est l'utilité d'un objet qui détermine sa valeur, non son coût. Pour Amma, une aiguille n'a rien d'insignifiant. Quel que soit l'objet considéré, nous devons prendre en compte son utilité et non sa valeur marchande. Vu sous cet angle, rien n'est insignifiant.

288. Certains soutiennent que la création n'a jamais eu lieu. Dans le sommeil nous n'avons conscience de rien : il n'y a ni aujourd'hui, ni demain ; il n'y a personne, ni moi, ni toi, ni femme, ni enfant, ni corps. Cet exemple prouve qu'il existe un état dans lequel seul Brahman est, en tant que Brahman. C'est la notion du « moi » et du « mien » qui est source de toutes les difficultés. « Mais, demanderez-vous peut-être, pour pouvoir affirmer au réveil « j'ai bien dormi », il faut qu'il existe une entité qui goûte le sommeil, quelqu'un qui en ait eu l'expérience, n'est-ce pas ? » C'est uniquement parce que le corps ressent un grand bien-être

au moment du réveil que nous déclarons : « J'ai bien dormi ».

Le rationalisme

289. Mes enfants, à cause des querelles engendrées par quelques fanatiques religieux, est-il sensé de dire que les lieux de culte ne sont pas nécessaires ? Ceux qui l'affirment diraient-ils aussi que les médecins et les hôpitaux sont inutiles, à cause des erreurs commises par quelques docteurs ? Bien sûr que non. Ce sont les conflits religieux qu'il faut éliminer, non les temples de Dieu.

290. Les rationalistes d'autrefois aimaient les gens. Mais qu'en est-il de ceux d'aujourd'hui ? Leur rationalisme n'est qu'une pose qui enfle leur ego et ils ne font que tourmenter les autres. Le véritable rationaliste est celui qui s'accroche chèrement à ses convictions et aime autrui au risque de sa propre vie. Dieu se mettra à genoux devant lui. Combien de gens en sont aujourd'hui capables ?

291. Quand celui qui a foi en Dieu cultive une dévotion mêlée de crainte *(bhaya bhakti)*, des qualités comme l'amour, la vérité, la droiture, la compassion et la justice se développent aussi en lui. Ceux qui entrent en contact avec lui y trouvent paix et réconfort. Tels sont les vrais bienfaits que le monde obtient d'un croyant. Les rationalistes d'aujourd'hui par contre, sans avoir pris la peine d'étudier convenablement les Écritures ni quoi que ce soit d'autre, s'accrochent à deux ou trois mots puisés ici et là dans quelques livres et créent des problèmes. Voilà pourquoi Amma dit que le rationalisme d'aujourd'hui pave la voie à la ruine de la société.

La Nature

292. Les actions de l'humanité conditionnent la bonté de la Nature.

293. Mes enfants, la Nature est un livre à étudier ; chaque objet de la Nature est une page de ce livre.

294. Les chercheurs spirituels utilisent l'énergie de la Nature pour méditer, pour se nourrir et à bien d'autres fins encore. Au moins dix pour cent de l'énergie et des ressources que nous retirons de la Nature doivent être consacrées à aider autrui. Sinon, notre vie est inutile.

Mes enfants, rappelez-vous…

295. Ne nous mettons pas en colère contre celui qui se comporte d'une manière injuste (adharmique). Si la colère s'éveille, elle doit être dirigée contre les actions de la personne, non contre elle.

296. Mes enfants, mangez pour vivre ; dormez pour vous éveiller.

297. Mes enfants, le but de la vie est de réaliser le Soi. Efforcez-vous d'y parvenir. Nous n'appliquons un remède sur une plaie qu'après l'avoir lavée et nettoyée, enlevant toute la saleté. Sinon, la blessure s'infecterait et ne guérirait pas. De même, nettoyons-nous d'abord de l'ego grâce à la dévotion avant d'appliquer le remède de la Connaissance. C'est ainsi seulement que nous nous ouvrirons à l'infini.

298. Nous venons de Dieu. Une vague conscience de cette vérité est présente en nous. Cette conscience doit devenir pleine et entière.

299. C'est dans le compost malpropre que grandissent des plantes portant des fleurs magnifiques et odorantes. Ainsi, utilisons les épreuves et les tribulations de la vie pour nous élever jusqu'à la véritable grandeur.

300. Autour de nous, innombrables sont ceux qui luttent pour survivre, sans toit ni vêtements, sans nourriture ni soins médicaux. Avec l'argent dépensé par une personne pendant un an pour acheter des cigarettes, nous pouvons construire une petite maison pour un sansabri. Quand la compassion envers les pauvres grandira en nous, notre égoïsme disparaîtra. Nous ne renoncerons à rien ; bien au contraire, nous trouverons la satisfaction dans le bonheur d'autrui. Une fois libérés de l'égoïsme, nous sommes aptes à recevoir la grâce de Dieu.

301. Mes enfants, seul celui qui a étudié peut enseigner. Seul celui qui possède peut donner. Seul celui qui est complètement libéré de la souffrance peut en libérer complètement les autres.

302. Tout lieu possède un cœur. C'est là que se concentre la totalité de l'énergie. L'Inde est le cœur du monde. Le *Sanatana Dharma* (la loi éternelle) qui en est originaire est la source de toutes les autres voies. Le fait d'entendre le mot *Bharatam* (Inde), nous apporte une vibration de paix, de beauté et de lumière. C'est que l'Inde est la terre des sages (*mahatmas*). Ce sont eux qui transmettent la force de vie non seulement à l'Inde, mais au monde entier.

303. La Conscience divine est présente dans la fraîcheur de la brise, dans l'immensité du ciel, la beauté de la pleine lune, en tous les êtres et dans tous les objets. Le but de la vie humaine est d'en prendre conscience. Dans cet âge du

Kali Yuga, un groupe de jeunes gens, renonçant à tout, parcourera le monde en répandant
partout la gloire spirituelle.

304. Mes enfants, regardez le ciel. Soyez
comme le ciel : vaste, paisible, embrassant tout.

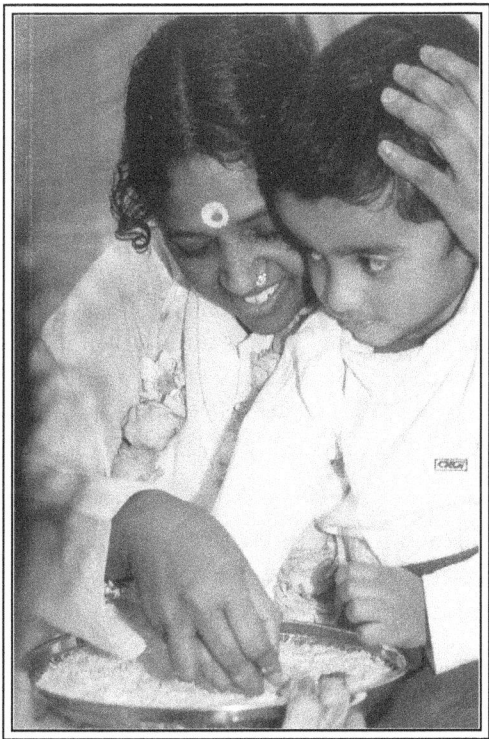

Glossaire

A

Advaita vedanta : Philosophie de la non-dualité.

Ajnâna : Ignorance.

Akhanda satchitananda : Existence-Conscience-Béatitude non-divisée.

Asana : Siège ; posture de hatha-yoga.

Atman : Le Soi.

Avatar : Littéralement « descente », une incarnation du Divin. Le but d'une incarnation divine est de protéger les bons, de détruire le mal, de rétablir la justice dans le monde et de guider l'humanité vers le but de la réalisation du Soi.

B

Bhajan : Chant dévotionnel

Bhakti : Dévotion.

Bhakti yoga : « Union grâce à la dévotion ». La voie de la dévotion et de l'amour. Il s'agit de réaliser le Soi grâce à la dévotion et à l'abandon complet de soi-même à Dieu.

Bhavana : Humeur, attitude, état d'esprit, disposition.

Bhava roga : « Maladie du devenir » (transmigration, morts et renaissances successives).

Bhaya bhakti : Dévotion (*bhakti*) accompagnée de respect et de crainte (*bhaya*) de Dieu.

Bijâksharas : Lettres-semences précédant les mantras.

Brahma : Dieu de la Création.

Brahmacharya : « demeurer en Brahman » ; célibat et contrôle des sens et du mental.

Brahman : L'Absolu, le Réel.

D

Darshan : Audience ou vision d'une divinité ou d'un saint.

Devata : dieu ou divinité.

Devi : Mère divine, déesse.

Dharma : « Ce qui soutient l'univers ». Dharma possède de nombreux sens différents, entre autres : la loi divine, la loi régissant l'existence en accord avec l'harmonie divine, la justice, la religion, le devoir, la responsabilité, la vertu, la justice, la bonté et la vérité. Le *dharma* ultime d'un être humain est de réaliser le Divin qui est en lui

Dhyana : La méditation.

Diksha : Initiation.

G

Gouna : Qualité, attribut. La Nature (*prakriti*) est composée de trois *gunas*, i.e. qualités fondamentales ou tendances, qui sont à la base de toute manifestation : *tamas, rajas* et *sattva*. Ces trois *gunas* sont en interaction constante. Le monde phénoménal est composé des différentes combinaisons des trois *gunas*.

Gourou : « Celui qui détruit les ténèbres de l'ignorance. » Maître spirituel, guide.

H

Homas et Yagnas : Sacrifices védiques utilisant le feu.

I

Ishta Devata : Divinité bien-aimée ou divinité d'élection.

Ishvara : Dieu, Seigneur.

J

Janma : Naissance ou durée de vie.

Japa : Répétition d'un mantra ou du Nom divin.

Jîva : L'âme individuelle.

Jîvanmoukti : Libération de l'âme alors qu'elle est encore dans le corps.

Jîvâtma : Le soi individuel.

Jnâna : La connaissance (du Soi).

Jnâna yoga : « Union grâce à la Connaissance ». La voie de la Connaissance. Connaissance du Soi et de la véritable nature du monde. Cette voie implique une étude approfondie et intense des Écritures, un détachement complet envers les choses de ce monde (*vairagya*), le discernement entre l'éternel et l'éphémère (*viveka*), la méditation et la méthode intellectuelle d'introspection « Qui suis-je ? » et « Je suis Brahman » employée pour briser l'illusion de *maya* et parvenir à la Réalisation de Dieu.

K

Kaliyuga : L'âge noir du matérialisme.

Karma : Action.

Karma yoga : « Union grâce à l'action ». La voie spirituelle du service détaché et désintéressé ; les fruits de toutes nos actions sont dédiés à Dieu.

Krishna : « Celui qui nous attire vers lui » « Celui qui est sombre » La principale incarnation de Vishnou, l'aspect de Dieu qui préserve le monde. Né dans une famille royale, il grandit chez des parents adoptifs et vécut à Vrindavan comme jeune pâtre, aimé et vénéré par ses compagnons, les *gopis* et les *gopas*. Krishna devint ensuite le souverain de Dvaraka. Il était l'ami et le conseiller de ses cousins, les Pandavas, surtout d'Arjouna auquel il révéla son enseignement dans la Bhagavad Gita, qui fait partie de l'épopée du Mahabharata.

Koumbhaka : Rétention du souffle pendant le *pranayama*.

L

Lakshya bodha : Conscience du but, inclination vers la réalisation de Dieu.

M

Mahâtma : « Grande âme » Quand Amma emploie ce terme, Elle se réfère toujours à un être réalisé.

Maheshvara : Shiva, le Seigneur suprême. L'aspect de Dieu qui détruit le monde.

Mala : Rosaire, chapelet de 108 graines (ou d'un multiple de 9 graines) utilisé pour le *japa*.

Mantra : Formule mystique sacrée ou combinaison de mots dont la répétition procure pureté et puissance spirituelles. Pour une efficacité maximum, il doit être obtenu d'un véritable maître spirituel.

Narasimha : L'homme-lion. Une incarnation partielle de Vishnou, venu ainsi au secours de son dévot Prahlada persécuté par son père, le roi-démon Hiranyakashipou.

Maya : Illusion universelle.

Mithya : Toujours changeant, non-éternel.

N

Nirvikalpa samâdhi : État d'unité avec l'Absolu.

Nitya : Éternel, permanent.

O

Ojas : Energie sexuelle sublimée grâce aux pratiques spirituelles

Oupadesha : Conseil, enseignement.

P

Paramatma : Soi Suprême.

Prâna : Force vitale, souffle de vie.

Pranayama : Exercices respiratoires en vue d'acquérir la maîtrise de *prana* et ensuite la maîtrise du mental.

R

Rajas : *Guna* de l'action.

Râja yoga : Yoga royal. Le yoga en huit étapes décrit dans les *Yoga Sutras* de Patanjali et rendu célèbre par Swami Vivekananda.

Rishi : Visionnaire, sage des temps védiques. Ces êtres réalisés étaient capables de « voir » la Vérité et ont exprimé leur vision dans les textes des Védas

S

Sadgourou : Un Maître parfait.

Sâdhak : Disciple, chercheur spirituel (*sâdhaka* au féminin).

Sâdhana : Discipline spirituelle.

Sahaja samâdhi : État de celui qui est établi naturellement dans le Soi.

Sahasranama : Les 1000 Noms de Dieu.

Samadhi : *Sam*= avec ; *adi*= le Seigneur. Union avec Dieu. Un état de concentration profonde dans lequel toutes les pensées s'évanouissent ; le mental est alors parfaitement calme, seule la pure Conscience demeure et la personne est absorbée dans le Soi (*atman*)

Samsâra : Cycle des morts et des renaissances.

Samskâra : Samskara a deux sens : 1) la totalité des impresssions gravées dans le mental par les expériences faites dans cette existence ou dans les vies précédentes. Ces impresssions influencent la vie d'un être humain, sa nature, ses actions, son état d'esprit etc. 2) L'éveil de la compréhension (connaissance en chaque personne, qui conduit au raffinement de son caractère.

Sanâtana dharma : La Loi éternelle expliquée dans les Védas.

Sankalpa : Puissance créatrice de l'esprit sous forme de pensée, vœu, détermination; résolution, etc.

Sannyâsin : Moine hindou. Un sannyasi porte traditionnellement un vêtement de couleur ocre symbolisant le fait qu'il a brûlé tous ses attachements.

Satchitananda : Être-Conscience-Béatitude.

Satguru : Un maître spirituel réalisé

Satsang : *Sat*= vérité, être ; *sanga*= association avec. La compagnie des êtres sages et vertueux. Par extension, les discours d'un sage ou d'un érudit.

Sattva : *Guna* de la pureté et de la clarté.

Savikalpa samâdhi : Perception du Réel tout en maintenant le sens de la dualité.

Shakti : Énergie essentielle, fondamentale, de l'Univers, associée à l'aspect féminin de l'Absolu.

Shavasana : Posture yogique dite « du cadavre », allongé sur le dos.

Shiva : Aspect de Dieu qui préside à la dissolution de l'Univers.

Siddha Aoushada Remède parfait.

Shraddha : Foi, attention, vigilance.

Shrimad Bhagavatam : Écriture sainte décrivant les incarnations de Vishnou et tout spéciale-ment la vie, les œuvres et les enseignements du Seigneur Shri Krishna. Ce texte met l'accent sur la dévotion. Il fait partie des dix-huit *Puranas* (ensemble de textes sacrés.)

T

Tamas : Ténèbres, inertie, apathie, ignorance. ; une des trois *gunas* (qualités fondamentales) de la Nature.

Tapas : « Chaleur » Ascèse, austérités, pénitences, discipline, sacrifice de soi ; pratiques spirituelles qui brûlent les impuretés du mental.

V

Vâsanas : *Vas*= vivre, demeurer. Les *vasanas* sont les tendances latentes, les désirs subtils qui existent dans le mental et qui se manifestent à travers nos actions et nos habitudes si nous ne les contrôlons pas.

Vedas : Écritures sacrées de l'Hindouisme.

Védantin : Adepte de la philosophie des Védas.

Vidya : Connaissance.

Vishnou Aspect de Dieu qui préserve l'univers.

Y

Yantra : Diagramme mystique.

Yoga : « unir » Une série de méthodes grâce auxquelles il est possible d'atteindre l'union avec le Divin. Une voie menant à la réalisation du Soi.

Yogi : Celui qui est établi dans l'union avec le Divin

www.ingramcontent.com/pod-product-compliance
Lightning Source LLC
Chambersburg PA
CBHW060207070426
42447CB00035B/2789